第2回「長崎県庁跡地遺構を考える会」シンポジウム報告書

長崎の岬 II

―長崎の記憶をほりおこす

片峰　茂　監修

シンポジウム：令和元年（二〇一九）十一月十七日（日曜日）
長崎大学中部講堂

発　　行：長崎県庁跡地遺構を考える会
編集・販売：㈱長崎文献社

目次（シンポジウム発表順）

ごあいさつ

第2回シンポジウム開会にあたって

長崎県庁跡地遺構を考える会共同代表　片峰　茂

長崎県庁跡地を考える会（考える会）の紹介も兼ねて開会のご挨拶をさせていただきます。私たちが考える会を立ち上げましたのは今年（２０１９年）の5月であります。ちょうど半年前ということになります。県庁舎の解体工事がほぼ終了し、更地になって県庁跡地の遺構発掘調査が具体的な現実感を持って語られ始めた時期。

それと同時に、ホールと広場とおもてなしの３つの機能を兼ね備えた長崎県の跡地開発計画構想が明らかになった時期でもあったわけです。

その中で、わたしたちは、岬の教会、長崎奉行所、さらには海軍伝習所、医学伝習所、そして県庁と、４５０年にわたるこの長崎のもっとも大切な記憶が重層して埋まったこの場所の重要性。さらには将来、この場所が長崎にもたらすであろう付加価値の可能性について改めて問い直す千載一遇、かつ最後のチャンスであるという認識のもとに考える会をスタートしました。

会としての最初の大きな取り組みとなりましたのが去る6月2日にメルカつきまちホールで開催されました第1回のシンポジウム。長崎県庁跡地の遺構を網羅的かつ系統的に議論する初めての機会になったと考えております。立ち見も出る大盛況で熱気あふれるシンポジウムになりました。多くの聴衆の方々が、この県庁舎跡地という場所の意味を改めて認識していただく機会になったのではないかと思っております。

実は第1回シンポジウムの内容は、長崎文献社から出版させていただいた記録集『長崎の岬　日本と世界はここで交わった』に網羅されております。大変好評で、好文堂書店の売り上げナンバーワンを4週連続して独走している状態です。きょうはご希望の方には格安のサービス価格でお分けしますので受付でお求めいただければと思います。

さらに7月と9月には、長崎県議会の委員会審議に考える会共同代表4名が参考人として招致されまして、遺構の重要性とともに徹底的かつガラス張りの発掘調査を要望したところであります。またこの間、我々考える会の活動を多くのマスコミ、メディアの方々に積極的に取り上げていただきました。そうして、考える会の会員はもちろん、多くの市民のみなさんの間に長崎県庁跡地問題の理解が深まっていきました。その中で、去る10月半ばに発掘調査が開始されたわけです。現在実施されている文字通り予断を排した発掘調査が実現したのも市民のみなさんの関心の盛り上がりが大きな要因となり、発掘担当者の背中を押しているものと考えております。

このように発掘調査の最中に開催される本シンポジウムです。改めて長崎県民、市民のみなさまと県庁跡地の重要性、それから発掘調査の意味を共有して調査への期待を盛り上げていく、そのような機会にさせていただければと思います。

本日は前半の第1部で、この県庁跡地に重層して眠る長崎の記憶。これを日本全体の歴史、さらには世界の歴史の中に位置づけてみようという試みを行います。

実は1週間後（11月24日）にローマ教皇様が、この長崎を訪問されるというタイミングでもあります。まずは、岬の教会に焦点を当ててイエズス会日本管区長のデ・ルカ　レンゾ神父様、そして長崎純心大学の片岡瑠美子学長に語っていただきます。それに続きまして、東京大学名誉教授の藤田覚先生には長崎奉行所に焦点を当てていただきます。

後半の第2部では、今回の発掘調査への期待と課題ということで、長崎県考古学会の前副会長、宮崎貴夫先生、それから長崎大学名誉教授の増崎英明先生にご登壇いただきます。

ここでひとつ残念なお知らせがございます。実はきょうご登壇予定でした考える会の共同代表で、長崎県考古学会会長でもある稲富裕和先生に急なご事情が生じましてご参加が不可能となりました。従いまして事前のプログラムに変更が生じました。御了解いただきたいと思います。

最後に、きょうの資料パンフレットの最終ページをご覧ください。実は我々考える会も財政難でございます。この第2回のシンポジウムも書籍として出版する予定になっておりますが、その費用をまかなうためにファンディングサイト「ファーボ長崎」でクラウド・ファンディングを実施することにしました。実はきょうスタートします。ぜひ、ご厚志をいただければと思います。

本日は、少し長丁場となると思いますが、最後までお付き合いいただきますよう、お願いいたします。

第一部

世界の中の長崎、日本の中の長崎

■第一部開始にあたって■

世界の中の長崎、日本の中の長崎

コーディネイター・長崎大学多文化社会学部教授　木村直樹

簡単に第1部の趣旨についてお話させていただきます。

さきほども代表の片峰の方からご案内がありましたように、「長崎の町をどう考えるか」（「世界の中の長崎、日本の中の長崎」）ということで、この第1部を構成しております。

「内側」と「外側」から見る目線

長崎を見る目というのは、「内側から見る目」と「外側から見る目」、この二つの視点が必要になります。その中核となる場所こそ今わたしどもが問題としております県庁跡地ということになるわけです。

内側から見るとはどういうことかというと、例えば長崎の都市が始まっていく、あるいはそれが成熟した町人文化に代表されるような都市としての姿になっていく、そしてそこで人々がどのように暮らしていたのか、こういったことについて注目するという見方。

それと同時に、この長崎という町は、非常に特殊な町でもあります。ですから、その役割ということも考えなくてはいけない。それは日本社会にとっての意味は何なのだろうか、あるいは海外との結節点としての意味、そういう視点から見なくてはいけない。このように二つの視点から長崎の町を見て、その歴史的意味を考えなければいけない、という風に私たちは考えています。そこで分けてみますと大きく四つの時代があるわけです。

一つには、この町が1571年にポルトガル船が長崎に初めて来港し、そして貿易が始まる。その結果、この長崎の町がスタートするということになります。ですから、キリスト教の布教と都市の形成が非常に密接な関係を持っていることになりますし、またキリスト教が繁栄する前提となる貿易がありますので、このキリスト教と貿易の関係、この視点から見ていく。これが第一の視点であります。

これが禁教期の17世紀になりますと禁教が厳しくなります。そうすると、キリシタンの禁制が厳しくなると同時に、特権的な貿易都市として存在することになります。特に

1639年にポルトガル船が追放された後には、オランダ商館あるいは唐人貿易だけが許されるということになります。この時代、だいたい1630年から40年代ぐらいから1800年代初頭ぐらいまでは非常に貿易が盛んになり、長崎の人口も、ものすごく増える。瞬間風速的には6万人を越える非常に巨大な都市になるわけです。

ところが、正徳新令が発令され18世紀の貿易が制限されます。そうすると、6万人いた長崎の町に人口が3万人にまで下がります。およそ50年ぐらいの間に約半減してしまいます。日本全体としてはこの時期、人口は少しずつ伸びているのに対して長崎の町は18世紀初頭にピークを迎えた後、再び人口が膨れる幕末までは低空飛行していく、そういう時代になります。

ただ一方で、よく知られているように町人文化が成熟していく。例えば、長崎くんちの踊り町の出し物があります。こういったものがある程度まとまった今の姿に近いものが出来上がってくるというのは、やはり18世紀を待ってからのことになります。こういった観点からの検証、あるいは貿易が減って人口も減っていった歴史。でも江戸幕府にとっての意味あるいは当時の社会全体にどのような影響を持ちえたかという点については、やはり考える必要がある。

さらに忘れがちなのですが、幕末以降、あるいは18世紀の終わりから19世紀になってくると、長崎を入り口として蘭学あるいはその応用としての兵学、そういったものが重要視されていくということ。あるいはその前提となる科学技術が受容されていく場所になります。さらに明治維新になると、長崎は新政府の直轄地になります。そのために新しい行政がこの町で始まっていく。他の地域はまだ藩の枠がかなり残っている中で、この町は非常に早い段階から近代的な行政へと移行せざるを得ないということになります。また、それ以降は、よく知られている近代化遺産に代表されるような産業のまちとしても発達していくことになります。

ですから長崎の町は、4つの顔を持ち合わせていることになります。そこで、本日は時間の制限もございますので、1番目のお話と、3番目のお話、この二つの時期についてお話したいと考えています。

2番目については、長崎が貿易の発展で栄えたことはよく知られているわけですが、では貿易が半分ぐらいになってしまった後、どうなったかは意外と知られていない。あるいはその中でどういう位置づけが持っていたのか、社会にとっての位置づけ。そういったことが、あまり知られていないということで、3番目のお話になります。

そして、1番目はやはり長崎の原点というのは、とりもなおさずキリスト教の問題ですので、やはり出発点を考える。そういった問題があります。したがいまして、1番目と3番目のお話をやはり中心にしていきたいと思います。4番目については、まだまだ一応、こういった問題があるのですが、あまり研究が進んでいないというのが残念ながら現状であります。ですから、今後また新たな展開があるだろうと思っています。

それでは講演に移りたいと思います。

最初に、イエズス会の日本管区長でいらっしゃいますデ・ルカ レンゾ神父様にお願いしております。神父様は近年まで日本二十六聖人記念館長であらせられましたので、日本のキリスト教史については深くお話いただけるものと考えております。それではレンゾ神父様よろしくお願いいたします。■

■第一部■

キリシタン史にとっての長崎と岬の教会

日本イエズス会管区長　デ・ルカ・レンゾ神父

皆さん、こんにちは。

このシンポジウムのテーマは、岬の教会の話が中心になりますが、私の話はやはり全体的には「世界の中の日本」また「日本の中の長崎」ということになります。詳細は今年の初めに長崎平和文化研究所の「平和文化研究」第39集に「長崎のイエズス会本部とその影響」と題して書かせていただいたのでぜひ見ていただきたい。きょうは映像にしたものを見ていただき、ビジュアル的に話していきます。

地図に認識された長崎はいつからか

まず、最初に見ていただくのはヴァルセムレルの地図です。（1552年作成）

　1522年になると、このように「ジパン」（①）と書かれて、世界地図にしては意外に日本が意識されているということですね。1570年になると端っこではあるけれども（②）「ヤパン」といって、拡大しますと上のほうに「ミヤコ」と書いてあり、これは京都です。どちらかというと九州しか意識されていないのです。この時代は外国にとっては、日本といえば九州なのです。

　1595年に作成された地図（ティセイラ作）になるとだいぶ日本全体の形が見えてきます。たとえば韓国・朝鮮半島が島として描かれていたりして、大陸に続く半島という意識はそんなに高くなく、まだ長崎は出てないのです。

しかしこの時代には、日本の認識

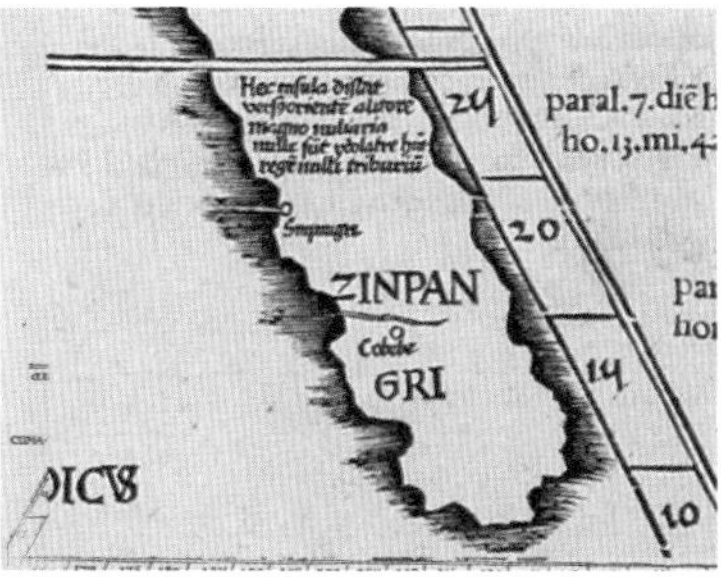

①

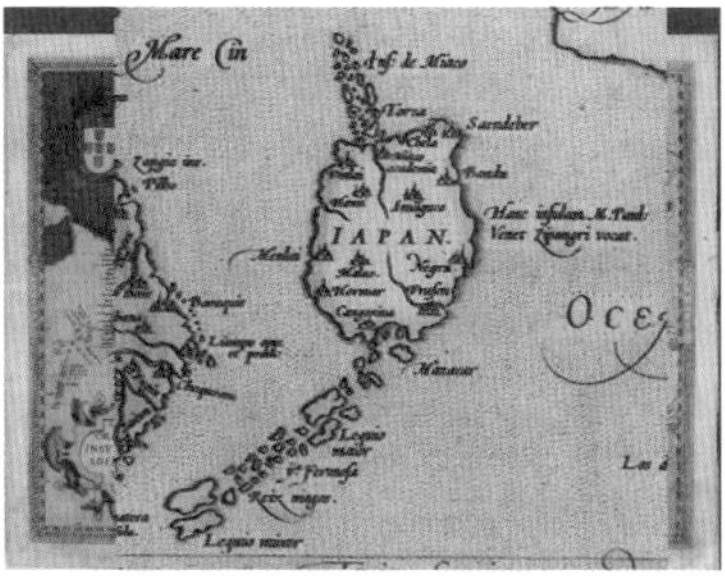

②

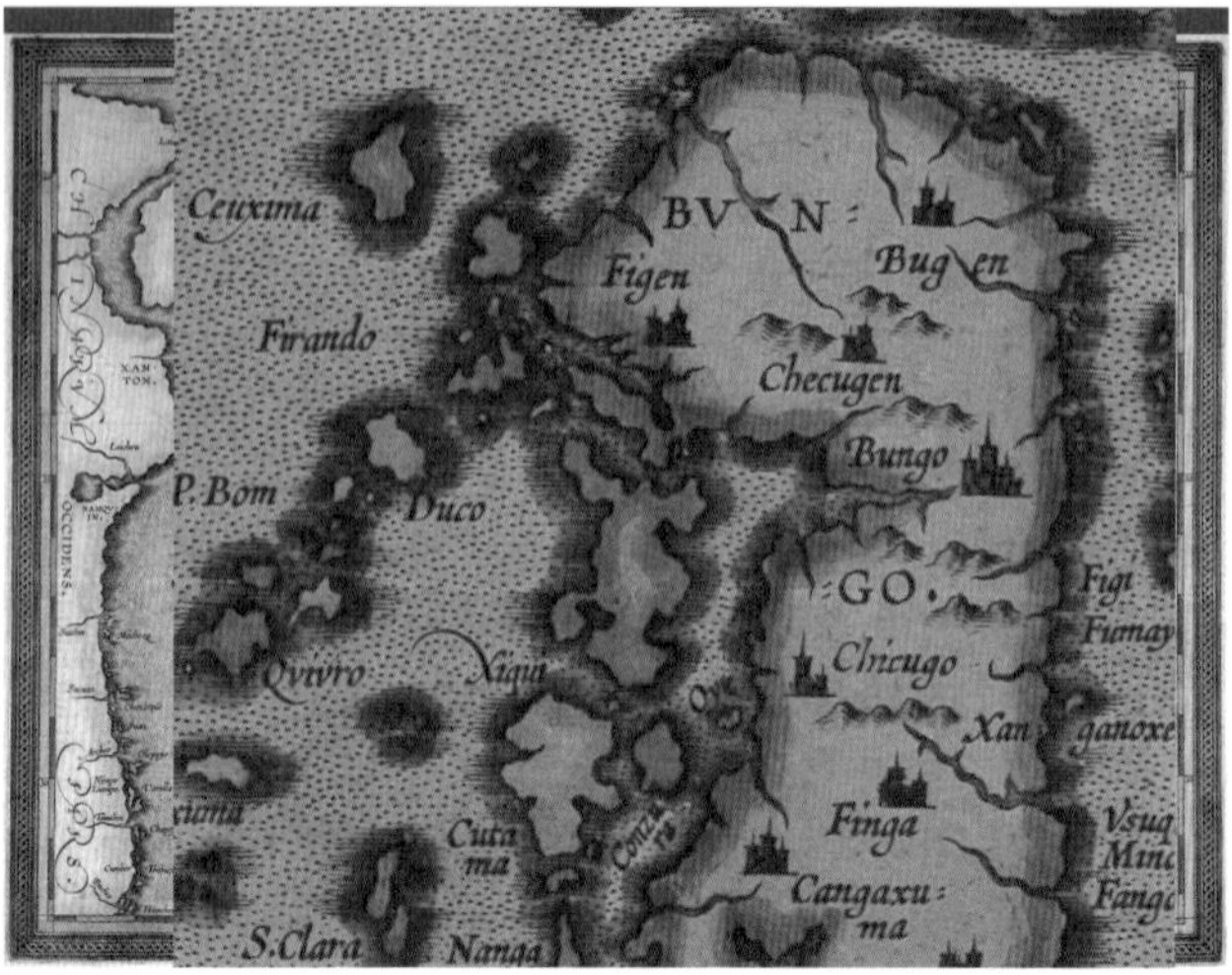

③

はだいぶ上がります。平戸は出ていますが、③やはり長崎の認識はなかったですね。

1648年になるとブルーが作成した地図で、いろんな図と合わせ、だいぶ形が見えてきます。北の方には少しだけ北海道「エゾ」も認識されています。拡大すると「ナンガサキ」と書いてあって、長崎が目立っています。

1764年になるとオランダ人がつくった地図には、このように「ナンガサカ」と書かれているのです。形はそんなに、はっきりしてないですね。先の地図よりも不正確です。そのかわり、例えば五島列島などが大きく取り上げられています。やはり図を描く人は頼まれた仕事として描くから、地図を依頼したのは商人なので、当然ながら商人にとっては、

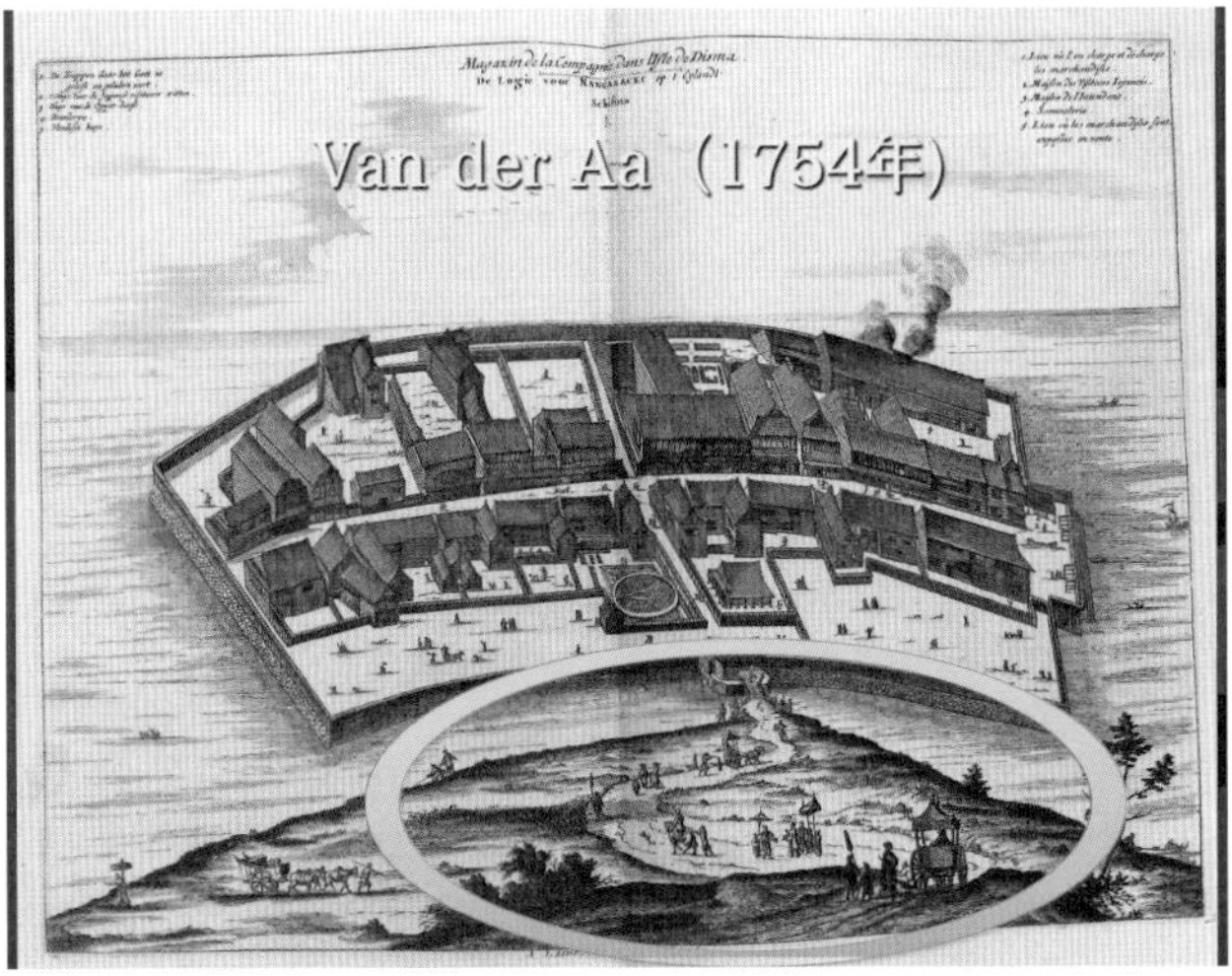

④

貿易ができるかどうかというところが関心の的ですね。

ケンペルになると、こういう長崎もはっきり描いているのですけれども、全体の流れとして見ますと、長崎と小倉が並ぶ感覚で、どうしても長崎は江戸へのルートのひとつとして認識されているといっていいかもしれません。

日本側の地図と資料だと、しっかりと長崎の石垣が見えます。その後の県庁跡が奉行所になります。しっかりそれぞれの町の名前など出てきます。同じ時代（1760年頃）の外国資料と比べても、ほとんど同じ形で石垣が出ているのですね。

拡大すると、同じような地図を基にした形

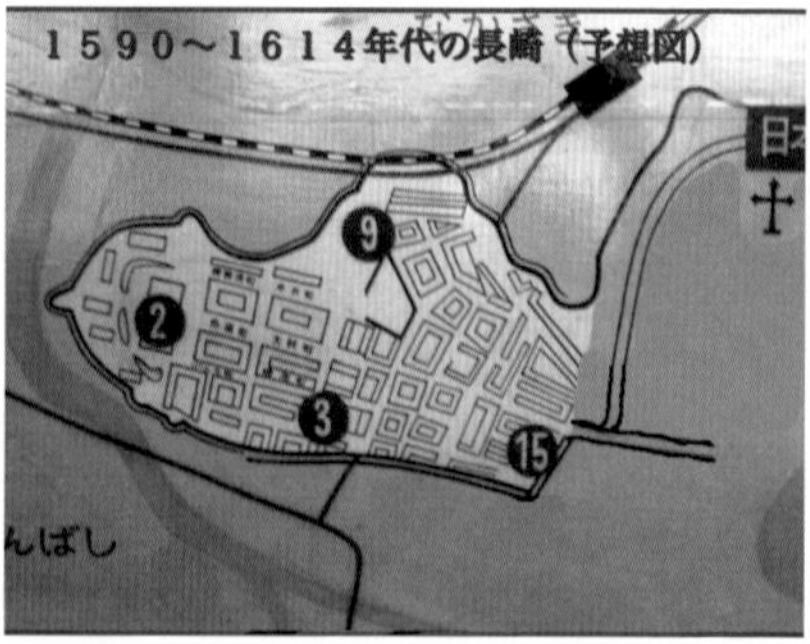
1590〜1614年代の長崎（予想図）
んばし
⑤

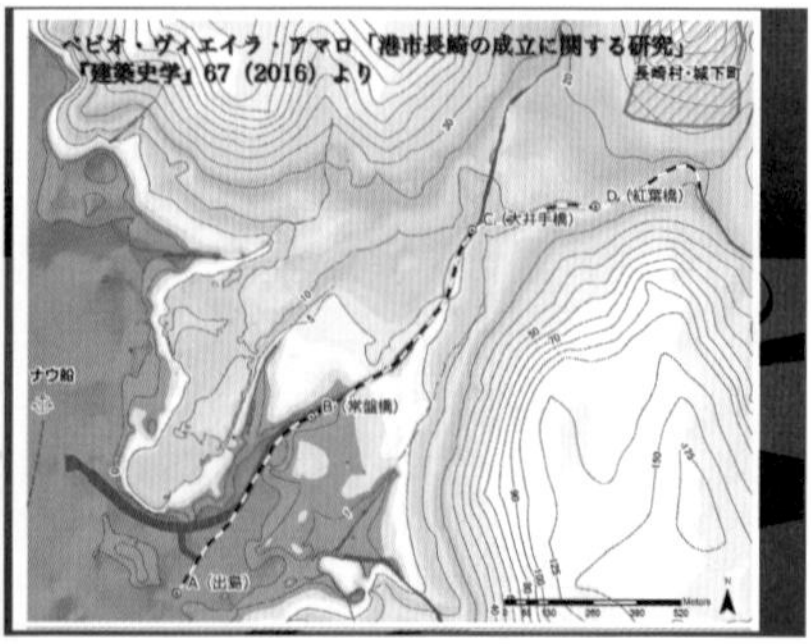
ペピオ・ヴィエイラ・アマロ「港市長崎の成立に関する研究」
「建築史学」67（2016）より
長崎村・城下町
ナウ船
⑥

を示しています。先の地図のほうは面白いですけれど、この今の県庁跡の所はまったく存在が消されている。意図的に抹消されていると言ってもいいぐらい。出島は非常にきれいに、どこに何があるかということまで詳細に描かれているのです。この辺（県庁跡）は何もない（④）。もちろん奉行所があったはずですけれども、それには興味がないということなのですね。オランダのための出島ができた後で外国の意識は変わり、地図を通してその流れが見えてくるのです。

イエズス会本部ができた後の長崎の地図

長崎に絞ってちょっと歴史を見てみます。１５９０年代のこの図（⑤）。予想図ですが、このような形で「昔の長崎」と書かれています。

１５８０年、大村純忠が長崎と茂木をイエズス会という外国の団体に土地を譲る異例の考えは、おそらく純忠にとっては、イエズス会がこの地に居るのだったら、はっきりした場所に居て責任をとってもらう、というような計画があったと思います。ただ土地を譲っただけでなくて明確な責任をとってもらう意図もあったと捉えることが必要と思います。もちろん、これは当時、いろいろ批判されていたし、今でも外国人に土地を譲ることが可能だったかと疑問があるかもしれません。

１５８４年、譲り状の４年後になると、アマロ氏が書いた論文のコピーがある（⑥）。訳してみますと、こういう風に１５８３年に宣教師が長崎に着いてみると、内側では、つまり堀・石垣があって、そこから十字架まで行くと、かなりの家があって集落も増えているということですね。１５８３年には、アーチの外に位置していたとき、田畑は長崎の町々と家々で大きく増加した、と書いています（⑦）。当時までに居住区になった地域は２月になると火災の発生で黒焦げに

我々は使徒ヤコブの日〔1583年7月25日〕、日本の長崎の港に到着した。〔当時の長崎は〕すでにミセリコルディアから内側まで居住していて、その外で十字架〔クルス〕への道行きにいくつかの家があり、また〔集落の〕下と西へ堀の隣にも〔家々があり〕、なお浜の隣に樺島町〔Cabaximachi〕と呼ばれていた一つの小さな家並み〔もあった〕。その他、すべて〔の土地〕には小麦と大麦が蒔いてあった。しかしその年ですぐに〔集落は〕大きく拡大し始めた。(中略)当年〔1583年〕ひとつ目の橋の外に位置した土地〔田畑〕に、長崎は町々と家々で大きく増加させられたが、当時までに居住された地域は〔1584年〕2月始のある夜、すべて黒焦げになった。かなりの利益を積んだナウ船は〔火災と同時に〕大量の銀を運びながら出発しようとしていた。囲壁内で燃えなかったものは、マヌエル・ロペス・テリヤの一つの家と老いた古い建物〔であった〕我らの教会堂だけであった。

(ベビオ・ヴィエイラ・アマロ「港市長崎の成立に関する研究」『建築史学』67（2016年）p.23を参照。)

⑦

1585年、本部の教会増築

長崎の教会は、過る年、来訪者がいよいよふえてきたので、すでに二度も三度も増築した。教会はかなりの収容力があるにもかかわらず、それでも来訪者の数が〔あまりにも〕大勢で、二割ないしそれ以上の者は、日曜日や祝祭日には屋外にはみ出して、陽光に曝され雨に打たれる有様であった。早朝〔教会の〕扉が開かれると、人々は我先にと場所をとろうと重なり合って殺到した。そこでいまだかつて日本で建てられたことがないほど巨大で荘重な一教会をこの地に設立することが決められた。そのためには約二千クルザードの喜捨が寄せられた。

（フロイス『日本史』11、p.13）

⑧

なった。かなりの荷を積んだ黒船も結局、やられてしまったという出来事です。外国の資料にはどこで何が起こったか、地名も出ています。

⑥図の作成者アマロという外国の研究者は、こういう地理学的なことを非常に詳細に研究しています。一部だけ紹介させていただきます。

⑧ルイス・フロイスが書いた資料の中で、長崎の教会を訪れる人が多くて二度も三度も拡張工事がおこなわれたと伝えます。拡張するたびに名前が変わるのですがここでいう「岬の聖母」を指します。１５８５年、つまり、長崎ができて十数年後になりますが、その教会は来訪者が収めきれないほどになり、広い荘厳な教会をこの地に設立することが決められたということです。大改革ですね。

つぎの資料は１５９８年のものですから、まえの資料の約10年後になります。オランダ側の資料です。これには英語訳で「ナンガサキ」という個所があります。

彼は「プリンシパル　チャーチ　イズ　イブン」と描写します。つまり港から入ると、どの高さでこの教会が見えるか、ということですね。ですから計算すると、大きさが分かるのです。さすがです。つまり長崎に入る船から見ていても目立つくらいの大きさだったと。

⑨

⑩

これはいうまでもなく、いま問題になっている県庁跡地にあった教会のことで、イエズス会本部ですね。司教がそこに滞在したということですが、二十六聖人殉教のとき司教たちは本部から見ていたという報告があるのです。それを評価しているのです(⑨)。拡大しますと、このイエズス会が好んで使っているシンボル。もちろん、こういう建物だったかどうか分かりませんが、注目してほしいのは、ある意味で建物には関係のない図の中で、これは殉教ですけれど、やはり本部が意識されていたのです(⑩)。これを拡大すると、同じように司教が窓から見ている。１５９７年の段階です。

つぎの図はマカオにあるのですが、これにも司教の姿が見えます。外国に知られている二十六聖人がイエズス会本部と関りが深いことから、その絵にも本部は欠かせないことです(⑪)。やはり絵に本部を描いていますね。私たちは「なくても」と思うのです(⑫)。拡大しますと、やはり、そこには（マルティンス）司教が

⑪

⑫

います。ミトラを被っているから間違いなく司教。殉教を見ているのですね。

どこの何の図を見ても二十六聖人の殉教が描かれている。当然ながら主人公は殉教者ですけれども、やはり、それを見ている司教が描かれます。つまり、世界の教会がそれを見ているのだと伝えます。世界を代表する教会がここにあったのだとわかります。これは消せないということになるのですね。

明治以降のことですが、長崎という所がだいぶ簡略化されているけれども、建物があって、そこから司教が見ているということですね。この辺は教会が多いけれども、実物を見て描いたと思われます。

ヴァリニャーノ神父が書いた「弁駁論」です。1598年ですから二十六聖人殉教の1年後ですけれど、こういう手紙、報告書が出されている。内容は、イエズス会としての弁明です。

見ると、すべての出来事について、信徒の間では神父に相談しようとして探すので、同じイエズス会本部に出入りする日本人も、ポルトガル人も多いことは事実であると取れます。しかし日本人たちはポルトガル語と日本語の両方ができる人物が少なく、結局、信頼のある神父たちに忠告を得ようとして来る。私たちは、この信徒たちの願いを断れようかというのです。

つまり、この指示の中で、ヴァリニャーノが、私たちはたくさんの人を引き受けているし、たくさんの商売を本部でやっているとの報告です。市場みたいですね。これは互いに日本人も自分たちを信頼してそうなっていると言っています。日本の国民が当時のヨーロッパ人にとって、これほどまで関心の中心的になっていたのだということが伺えます。

屏風に描かれた人物や建物

さて、次は屏風です。いろいろありますが、やはりどの屏風でも、船からすぐにアクセスできることが分かります。石垣があって、かなり見下ろせるような所があちこちに出ているのですね。やはり、賑わっているところと同時に教会、礼拝の場、その中でイエズス会とかドミニコ会とかあるいはフランシスコ会といういろいろな宗派がそこに一緒にはいっているということですね。

⑬

⑭

⑮

⑯

これは2双の屏風ですが、こういう石垣があって堀がある（⑬）。拡大しますと、ほかの屏風の屋根と十字架が似ていますから、やはり見て描いたありのままの情報を入れ込んでいることになります（⑭、⑮）。これは日本にある別な屏風で、似たような形です（⑯）。建物が並んでいます。こういう建物の構造とか、礼拝する様子も描かれています。

屏風を描いた多くの人が内容についてはそれほど分からないままに、これほど一致しているということは、現実に近いものだったと思われます。これはパリにある屏風です（⑰）。やはり、見下ろせる石垣があって、港が近くまで入る。で、町の方はこう

⑰

⑱

⑲

いう風に賑わっているということです。ほとんど一致しています。拡大するとこうなっています。

これは、アメリカにある屏風。同じように船が近くまで入ってきて、このように二つに分かれて貿易などが行われていたことが分かります。拡大すると、神父たちやいろんな人々が見ています。

有名な屏風がこれです（⑱）。いちばん、事実に近いと思われる屏風ですが、見ての通り、本当に見下ろせるような所です。石垣がこんなに高かった。岸壁みたいになっていたかどうかは分からないけれど、やはり岬になっていたことは間違いないですね。

（⑲）ジェス教会の殉教図ですけれども、

１６１９年、ベビオ氏※が注目していたのは、非常に正確に長崎の町が描かれていると彼は主張している。

屏風絵はこういうふうに復元されている。岬の形をそのまま写すと、必ず町の流れとか全部、実際の姿に合っているということです。彼は普通、描いていないのですけれども、拡大してみますと確かにこの辺は修道者と思われる人物が描かれているのですね。これは宗教行事というか、その姿がわずかに描かれています。

写真を撮ったかのような１６１９年の長崎の絵図がここに描かれているわけです。ここからも殉教図について研究していくと、またいろんなこの町が見えてくるかもしれませんね。この絵についても、イエズス会本部でおこなわれた文化的なことを簡単に紹介したいと思います。

ひとつはいうまでもなくコレジオ、勉強する場所です。いまでもローマイエズス会の文書に残っているイルマン・ダミアンの書簡を見ましょう。同じ人によって書かれたローマ字にした日本語とポルトガル語が並んでいます。最後に「返す返すおらしょ頼み奉り　存ばかりに候」と達筆な日本語で書かれています。このように日本語、ポルトガル語を学んだ人たちが主にそういう教育機関で育てられました。

※ベビオ・ヴィエラ：アマロ
「港市長崎の成立に関する研究」（『建築史学』）67. 2-29, 2016 年

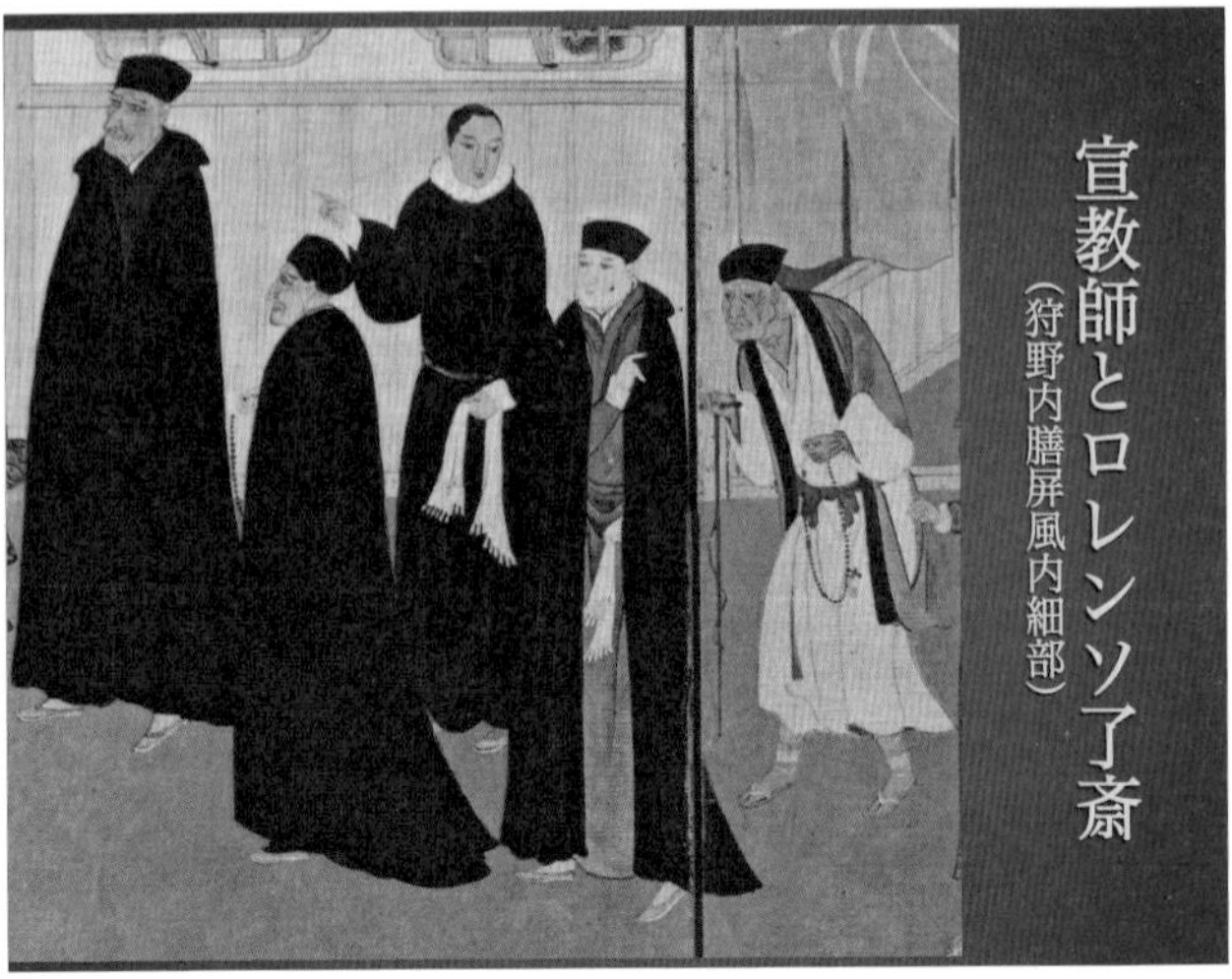

宣教師とロレンソ了斎（狩野内膳屏風内細部）

⑳

もうひとり、イルマン・ロレンソが登場するこの屏風です（⑳）。推測ですけれど、この背が高い宣教師はヴァリニャーノでしょう。当時の記録を見ると、「他の人物よりも背が高い」という話ですから、とても目立って描かれていることから、そう想定できるわけです。そのロレンソは目がほとんど見えない人でしたが、宣教師たちの右腕みたいに頼りになる人でした。１５６０年に彼が京都からローマの会員に宛てた手紙がイエズス会文書館に出した手紙があります（㉑）。彼が語った事柄を誰かが訳して書き留めたものです。「ロレンソ」というサインがあります。

同じ文書館にペトロ・ラモン神父が書いた報告も現存します。これも京都にいて書いた

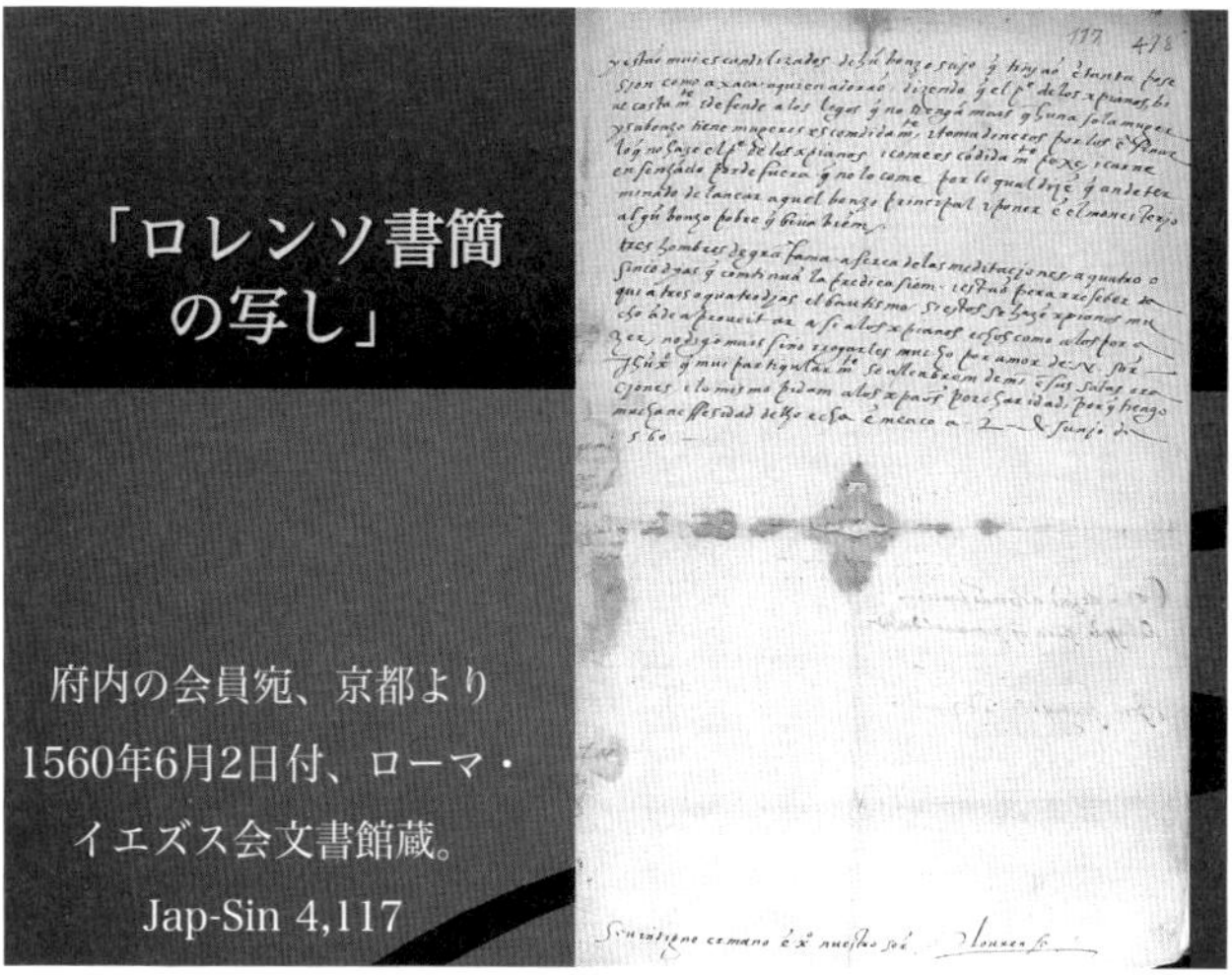
「ロレンソ書簡の写し」
府内の会員宛、京都より
1560年6月2日付、ローマ・
イエズス会文書館蔵。
Jap-Sin 4,117

㉑

長い報告です。ペトロ・ラモンは当時のイエズス会を仕切ったひとりです。１５９６年、つまり、二十六聖人殉教の少し前ですが、そのような手紙を書いているのです。

またペトロ・ゴメスがいまして、１５９７年にラモンとは別に、二十六聖人の記録を同じように書いています。殉教の出来事があってから1カ月たたないうちに、ローマにその報告を送っています。

ですから情報源としては、日本の情報がこの長崎の本部を通して知らされていた、ということです。現代的にいえばネットワークでしょうか。

秀吉の動きがヨーロッパに報告された

御存知の通り、天正遣欧少年使節がローマに渡ったときにも、県庁のあったところ、すなわちイエズス会本部から出発します。彼らに託して大村純忠がイエズス会の総長に書状、手紙を送っていますね（㉒）。またネットワークという意味では、豊臣秀吉が「呂宋《ルソン》国主」フィリピンに送った手紙がローマのイエズス会本部にポルトガル語訳付きで、こういうことを秀吉は考えているなどと、書き送られています。平たくいえば、スパイ活動ですね。（㉓）秀吉の手紙は現地（フィリピン）を脅かす内容ですが。日本語の秀吉の手紙時代は誰が書いたかと言えば、キリシタンだったその祐筆《ゆうひつ》の安威流左ジョアキムです。この人は秀吉の秘書ですから当然ながら秀吉が何を考えているかというのは知っていまして、情報を漏らした、横流ししたわけです。

「エヴォラ屏風」の中でも、同じ安威が書いた非常にキリシタン的な文書がありまして「以雖良佐令申候（ガラサをもって申しせしめそうろう）」と、カトリックしか書かないような挨拶です。これにははっきりと「安威」がサインしているのです。秀吉の秘書ですから、情報をいろいろ知ったうえでキリシタンと関わっていました。この手紙は「エヴォラ屏風」の中に入っていたので公にされることはなかったのですが、結果として今では非常に貴重

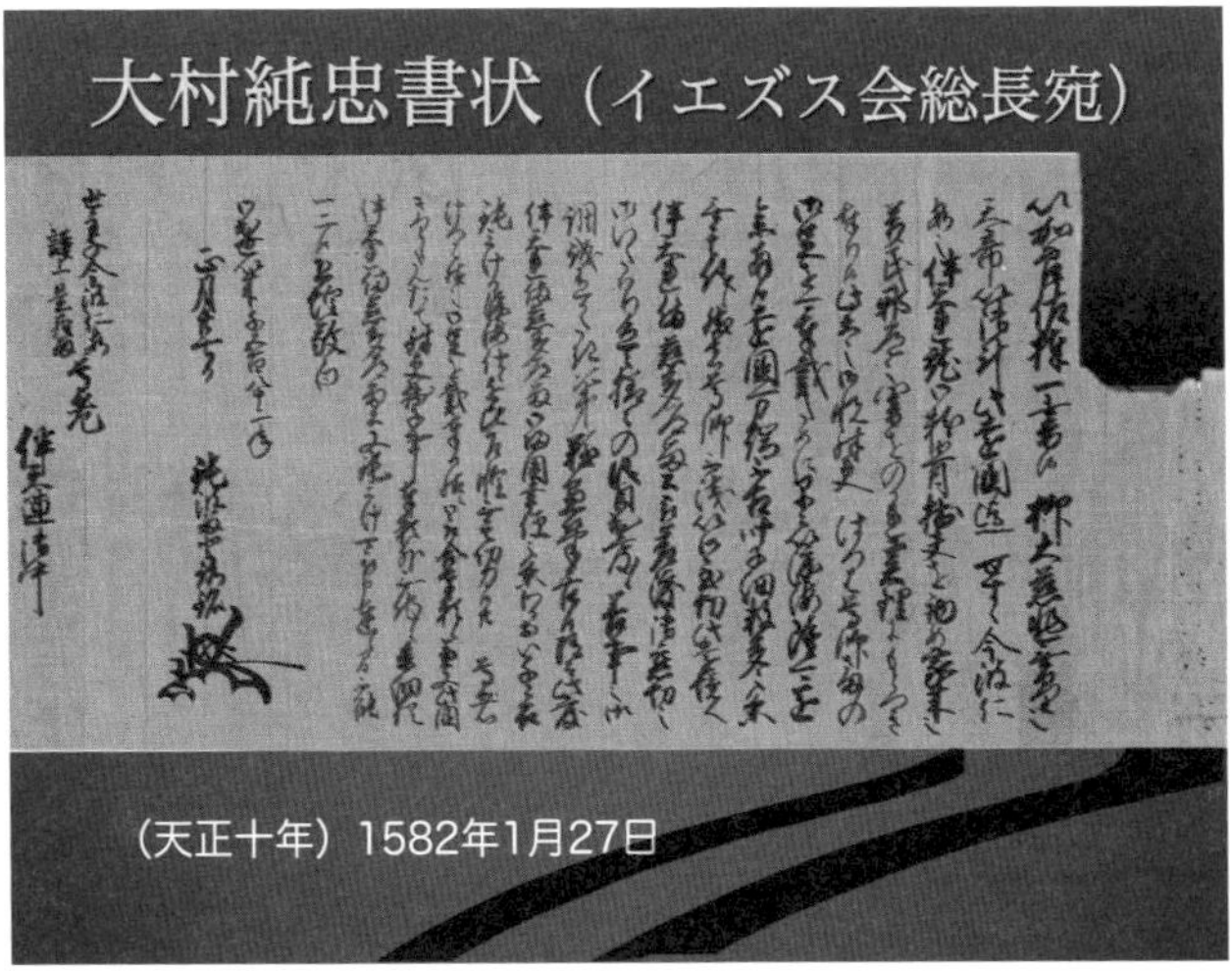
大村純忠書状（イエズス会総長宛）
（天正十年）1582年1月27日

㉒

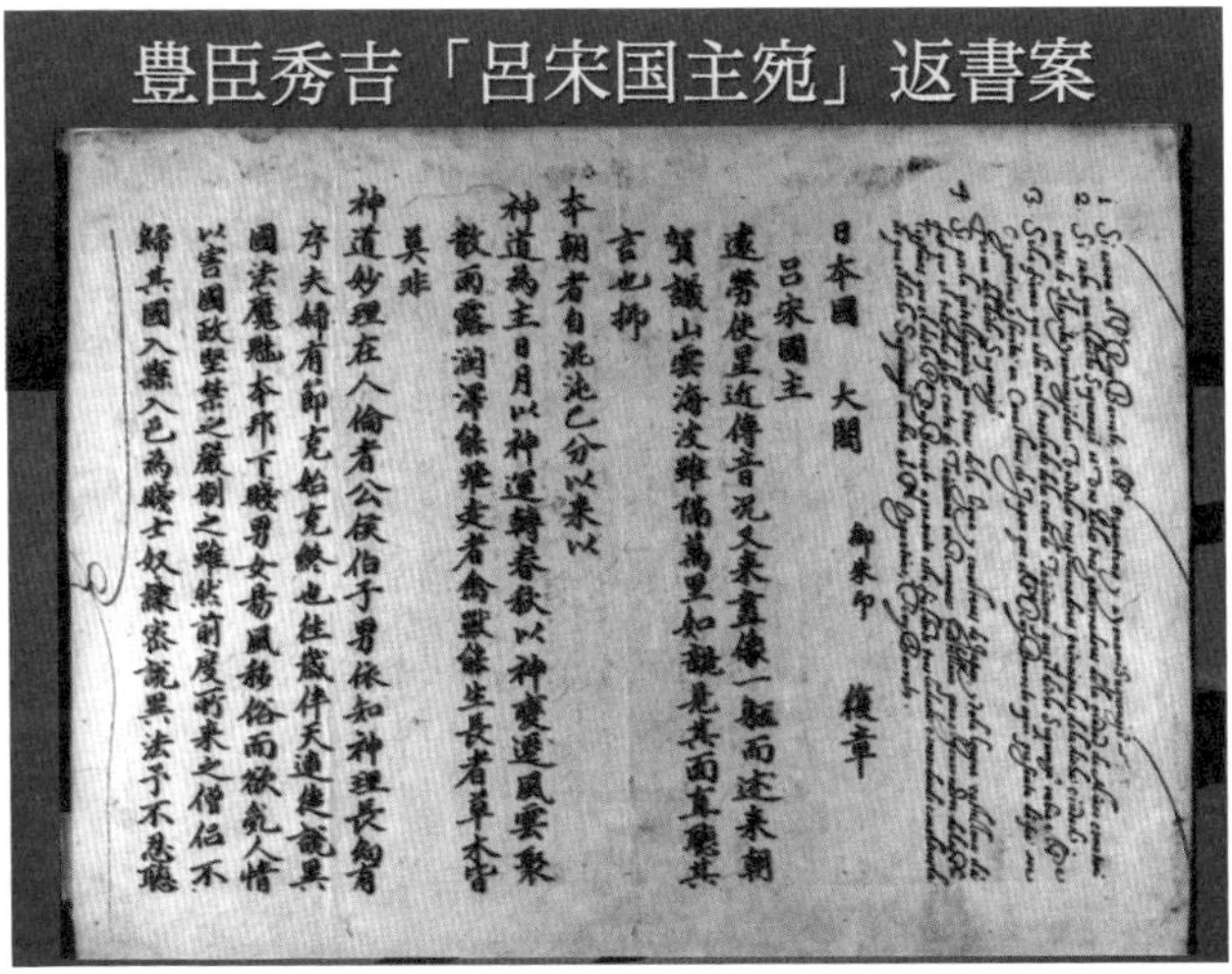
豊臣秀吉「呂宋国主宛」返書案

㉓

伊東マンショ肖像
（ミラノ トリブルシオ財団蔵）
（一五八五年三月作）
Portrait of Ito Mancio
伊東マンショの肖像

㉔

な資料なのです。

コレジオの講義要綱。日本語で書かれたオクスフォード大学にあるモードリン本です。これをみれば当時の神学、哲学、天文学が勉強できたという証拠です。

天正遣欧少年使節

天正遣欧少年使節は当時の交流、教育のハイライトになります。4人の子供たちを大使として今でいえば外交官ですけれども、日本をヨーロッパに紹介する役目を果たしました。なかでも肖像画（㉔）が新しく発見されている伊東マンショは、岬の教会、今の県庁跡地に葬られました。ですから発掘すれば伊東マンショの何かが出てくる可能性があり、期待できますね。つまり当時、このような人たちはヨーロッパで非常に注目されていたのです。

イモラ市には「少年使節の感謝状」がありますが、バチカンの文書館の関係資料を見ますと、やはりこのように「有馬の王プロタシオ書簡」とか有馬晴信もあり、それに豊後の王フランシスコですね。名前はちょっと読めないですけれども、読めなくても、これを残していることが重要で、ベニスにも彼ら使節が書いたものとか、また伊東マンショが教皇に感謝状として送った手紙がイエズス会の文書館に残っています。ポーランドにも、この少年使節が書いた書物が残っているのですね（㉕）。結局、ヨーロッパのあちこちで、このような日本人がラテン語も書けて、ポルトガル語、スペイン語もできる国民だとして、非常に高く評価されるようになりま

諸人提宇主越　可奉誉諸人
天之御主　計給奈里
少年使節書物（ポーランド、クラコフ市、ヤギェウォ大図書館）
㉕

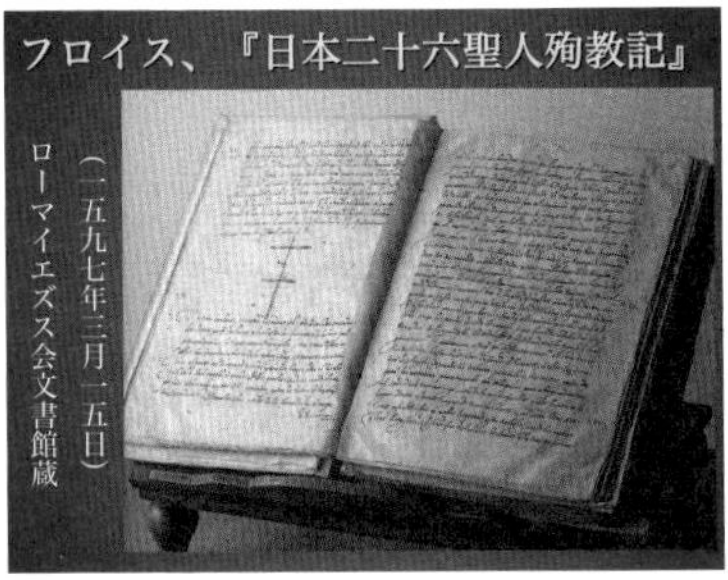
フロイス、『日本二十六聖人殉教記』
（一五九七年三月一五日）
ローマイエズス会文書館蔵
㉖

26
P. Mancius Firabayaxi Iappon Societ IESV, rele
gatus in exiliũ prodiũ Fidei latitans in Japponia, labori
bus ærũnisque confectus moritur Nangachi Mart. 1615.

平林マンショ
（カルディム書一六四六年差入版画）

㉗

した。

1597年にフロイスは、この岬の聖母の修道院で「日本二十六聖人殉教記」を書いてすぐに亡くなり、彼の最後の仕事になったのです（㉖）。原文がいま、ローマの文書館に残されています。このような交流の中で、有馬また島原のキリシタンが送った「奉答書」を、日本語とラテン語で書き残して現在、バチカン図書館などに残されています。当時の教皇パウロ五世を意識して書いたようです。長崎のキリシタンたちも1621年にこの長崎で同じように「奉答書」を書いていますね。横文字の名前も書き入れてサインをしていまます。いまでもバチカンの図書館に残っているという事実は、16世紀当時は日本といえば長

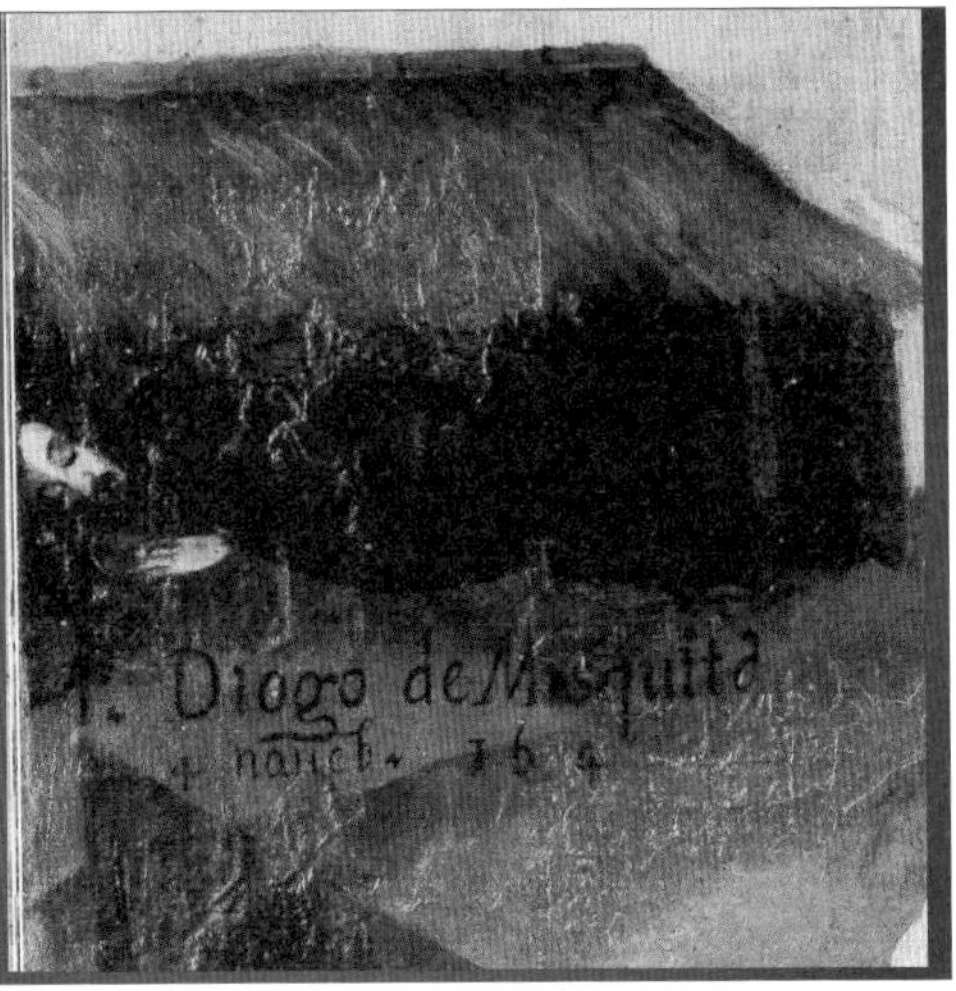

メスキタ神父（神ノ島にて一六一四年死去。元和殉教図細部）

㉘

崎、あるいは九州の意識だったということになるのです。

イエズス会本部にあった墓地は奉行の命令で動かされた

平林マンショについて書いた資料（㉗）があります。この人も県庁跡の岬の墓地に眠っています。手紙にもこの平林マンショは出てきます。しかし、これは全部、報告があったから残っているのです。だから原稿は当時書かれたもので、印刷されています。

メスキータ神父は岬の墓地には収められていません。神ノ島の方ですけれども、記録が残っているのです（㉘）。二十六聖人殉教の後に書かれた手紙ですが、やはり秀吉とか長崎のことを意識して書いています。それに長崎で書いているという意味のサインを残しています。結局、当時は、ほとんどのことが長崎中心だったといえます。関連史料の全体の半分以上が長崎発といえるかもしれません。ヴィエイラ神父が書いた1613年の記録の中でも同様に、すでに迫害が激しくなっている中の動きを書き示しているのです。

それは、島原の方で殉教したマグダレナ林田たち7人の遺骨を取って本部にいたセルケイラ司教に渡したとあります。これで本部には司教がいたということが確認できるわけです。彼が主式した「荘厳な行列をもって、我が会員たちが葬られている本部の墓地、十字架の麓に葬った」と書いています。十字架の麓だから、この段階でまだ、十字架がそのまま立っていたことが確認できるわけです。

1620年、これは岬の聖母教会が破壊された段階ですけれども、コーロス神父が書いた長谷川権六の墓地について「権六は生きている人を迫害した後、死者をも迫害し始めた。この町（長崎）の3墓地、すなわち、ミゼリコルディア、聖十字架とサンタ・マリアにあった遺体を掘りおこして長崎市外にあるサン・ミゲル墓地に移すよう命じた」とかかれているのですね。ですから、これが破壊されたのではなくて長谷川権六から「動かせ」と命令があったのですね。これを見ると破壊ではなく、キリシタンたちは残念がりながら、丁寧

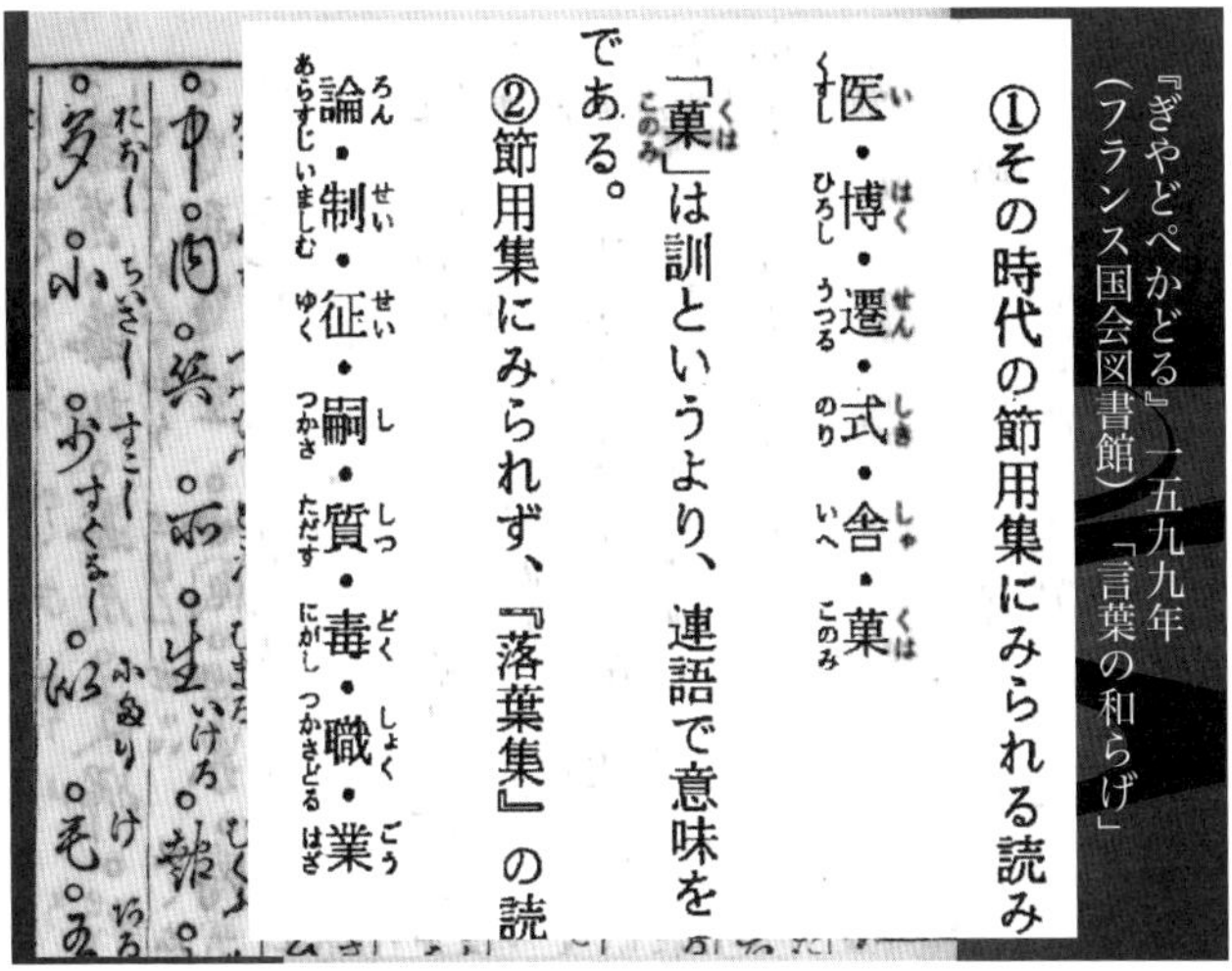
『ぎやどぺかどる』（フランス国会図書館）一五九九年「言葉の和らげ」
①その時代の節用集にみられる読み
医《い》《くすし》・博《はく》《ひろし》・遷《せん》《うつる》・式《しき》《のり》・舎《しゃ》《いへ》・菓《くは》《このみ》
「菓《くは》《このみ》」は訓というより、連語で意味をである。
②節用集にみられず、『落葉集』の読
論《ろん》《あらすじ》・制《せい》《いましむ》・征《せい》《ゆく》・嗣《し》《つかさ》・質《しっ》《ただす》・毒《どく》《にがし》・職《しょく》《つかさどる》・業《ごう》《はざ》
㉙

に遺骨を移した、ということになります。

「何日もの間、町のいたるところで泣き声と涙が続いた。キリシタンたちは、当地の習慣に従って置かれていた墓地や十字架を自らの手で外した。その中には、イエズス会員と共にミゼリルコルディアに葬られていた司教ドン・ルイス（セルケイラ）を移した」と。セルケイラに限っていえば、遺骨はマカオに移されたことが確認できます。墓地に葬られた他人は、記録はそこで終わりですから分かりません。注目してほしいことは、この岬の聖母の墓地にあったこの遺骨もやはり丁寧に動かされていて、荒らされてはいないということ。だから当然ながら発掘すれば、当時、動かしたとはいえ、何か記録を、形見みたいなもの

キリシタン七人連署（ポルトガル語、日本の花押）

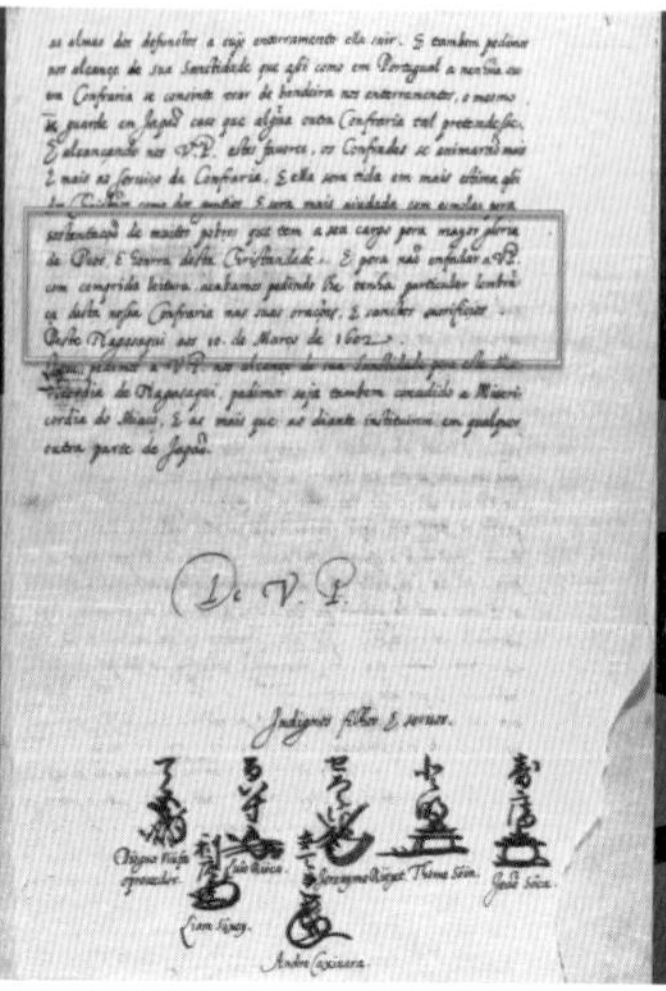

「神様のより多い栄光のためとこのキリシタン共同体の誉れために、聖なる貴下の祈りと犠牲の際にこの我が組を思い起こして下さるようにお願いいたします。
長崎、一六〇二年三月一〇日。」

㉚

を残した可能性が十分にあるのです。

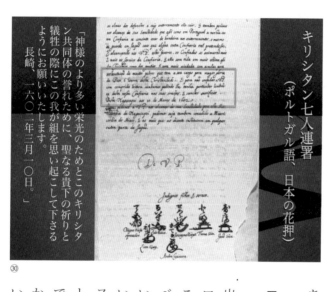

コレジオでの研究成果がわかる資料

長崎での文化活動というと、例えば長崎で出版されている本があります。本当にヨーロッパ並みの印刷技術が発達していたということです。それだけではなく例えば「ギヤドベカルド」という本（㉙）。最後に辞書が付いているのです。「言葉の和らげ」と書いているけれど、例えばこの文字、これは「ゼウス」と読むのですね。これは「ゼス・キリスト」と読む。ちゃんと読み方を残しているのです。だから現代で言えば研究書ですね。しっかりした研究法、いまでいう言語学に則っている。これが残されていて、それぞれ音読み、訓読みの両方の読み方が出ています。例えば「博」ですね。「ひろし」と読んだり、「論」を「あらすじ」と読んでいたりですね。言語学的にも非常に貴重な資料になるのです。これは岬の修道院で、コレジオがあった時に、こういう研究をしていたということですね。

この研究者たちがヨーロッパに送った手紙はたくさんあります。例えば「願い」ですね。長崎から出しているのです㉚。詳細は省きますが、1602年、長崎のキリシタン7人が連署して当時のイエズス会総長にミゼリコルディアというグループを認めてほしいと書いています。このように神父に何もかも頼るのではなく、信者たちもしっかりして独立して活動していこうという動きを見せているのです。

そのなかで有名な日本辞書。時代はもう少し下るのですが、この1603年の時代には貴重なものだったはずです。内容は例えば「身内」という言葉の場合、ご存知のように仲間を指していますが、「奥さん」と同じ意味でも用いられていたのですね。この「身内」を当時は「ワイフ」、をも指したことが分かります。そういう文化的なこともたくさんあるのです。昔の長崎弁でどういう風にいって、京都ではどう言うかとか、使い方まで入れているのです。今でいえば百科事典みたいな形なのです。

例えばこの「日本小文典」。ジョアン・ロドリゲスたちが書いたものです。日本のさまざまな地域の助詞の使い分けを紹介しています。京都つまり「都では『へ』を用いる。これが適切にして真正なものである。『下 シモ』では『に』を用いる。これはときには書き言葉に属する。『関東』では『さ』を用いる」というようにですね。

「そこでこんな諺が生まれる」。当時は日本にこういう諺があったと。「いわく『京へ筑紫に関東さ』」という。「すなわち『都』では『へ』を、『九州』では『に』を。『関東』では、『さ』を用いるのである」と。ですから「例、『都へ上る』―都へ行く、『九州に下る』―下の諸国に下向する」と。

こういう使い方が言語学的に見ても面白くて研究の成果が書き残されているおかげで、今でも私たちは知ることができます。そういうような文化の中心、日本全体の文化の中心のひとつとして長崎があったといってもおかしくないでしょう。長崎、特にコレジオ、つまり岬の修道院があったところですね。

書き残された「長崎」はブランドだった

「サカラメンタ提要」についてです。教会にとってこれが大事なのは、やはり秘蹟ですね。

神様の働きを、具体的な動作での表し方とその意味です。そういうことを指していますけれども、司教がやはり長崎と書いているのです。この書物の中に楽譜があります。「雪のサンタマリア」とありますね。８月５日に祝われていたと。１６０５年のこの時代にはすでに「雪のサンタマリア」は知られていて、隠れキリシタンの「バスチャン暦」にでるサンタマリアも当然ながらここから出てきます。

『スピリチュア修行』ですが、これは心身行といってもいいのですが、やはり「コンパニア・コレジオの長崎にて」こう書いてあります。現代で言えばブランド品になっていたのですね。

中浦ジュリアンが亡くなったのは、この岬の聖母ではなくて西坂になるのですけれども、やはり当時のカタログに書かれています。１５９３年のカタログを見ますと、このように書いています。

「中浦ジュリアンは日本人で大村出身、ローマに行った一人。23歳だった」。

こういう詳細な情報が残されているのです。ジュリアンがどこに行き、何をしたかというと、当時、本部で書かれた史料を見ればだいたい知り得ます。

比較してフェレイラの史料を見て見ますと、１６０３年にジュリアンと同じように本部で勉強していたことが分かります。イエズス会の中のフェレイラに関する記録ですね。その後、どうするかといえば１６３３年にやはり管区の責任者だったと出ています。その後、つまり、フェレイラが背教した後はヴィエイラ神父が継いだこういう情報です。このように史料がある限りは詳細に拾えるのですね。これは当時のデータバンクといえましょうか。

本部に関してどこまで拾えるかというと、１６１９年です。本部が破壊されているけれども、イエズス会のイルマン、ジョージという人が書いた手紙が本部から出されているのです。その辺に隠れて密かに書いたと思われますね。

その後、もうひとつ、レオナルド木村の書簡もあります。この人は後に西坂の殉教者のひとりになりますが、やはり１６１９年に日本語をローマ字で書いています。もちろん、本部といっても実体はなくなった時期ですが、同じように長崎で書いているのです。

このように、建物などの書ける場所がなくても情報をきちんと送るという意識がついています。本部としての意識でしょうか。

その後、本部からの記録はないのですが、１６２３年、ルセナ神父の「回想録」にはこう書かれています。「少年使節の４人のうち２人はまだ生きています。その一人は中浦ジュリアンであり、この迫害に当たって、教えによっても模範にも日本のキリシタンたちの良

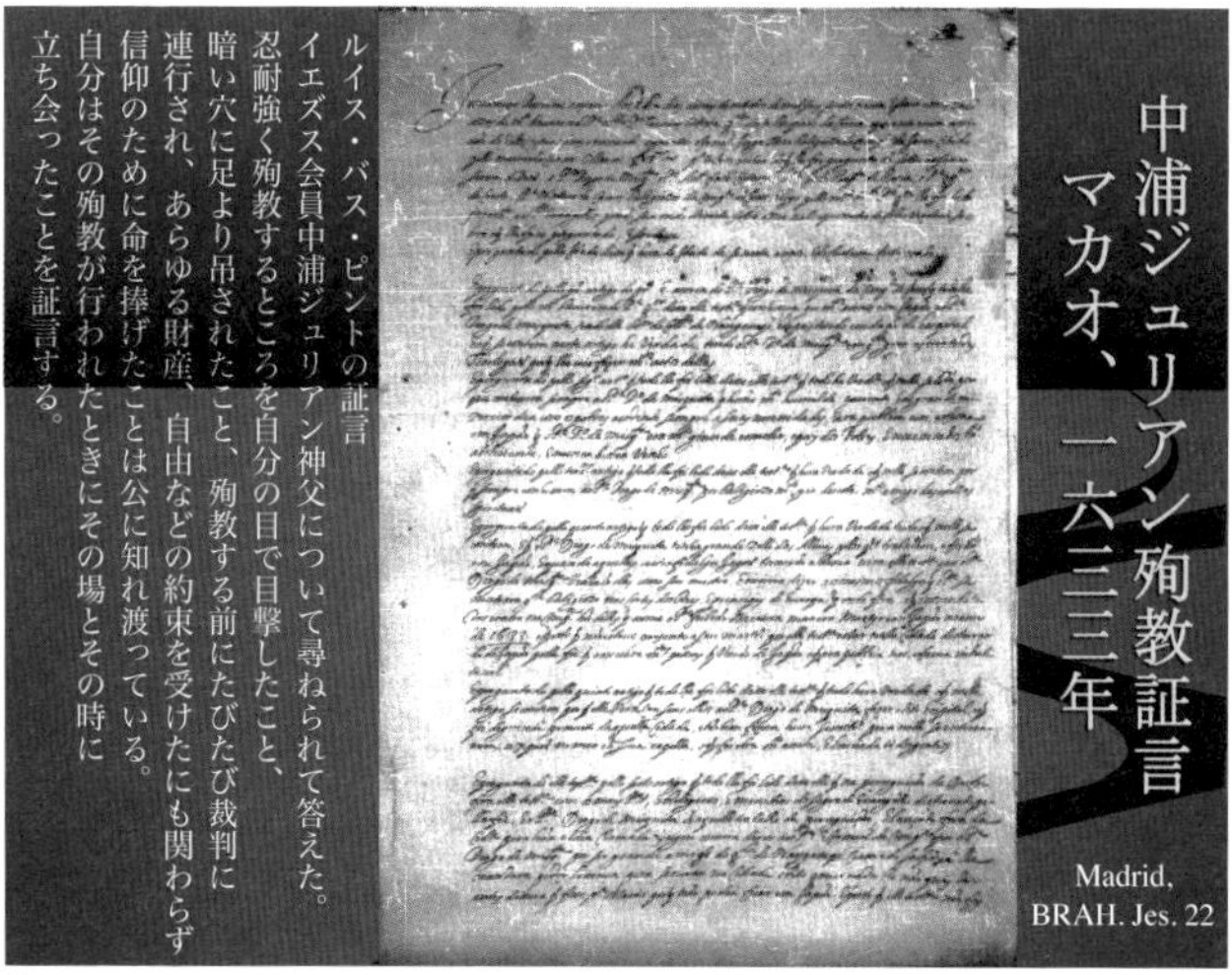
中浦ジュリアン殉教証言
マカオ、一六三三年
Madrid,
BRAH. Jes. 22
ルイス・バス・ピントの証言
イエズス会員中浦ジュリアン神父について尋ねられて答えた。
忍耐強く殉教するところを自分の目で目撃したこと、
暗い穴に足より吊されたこと、殉教する前にたびたび裁判に
連行され、あらゆる財産、自由などの約束を受けたにも関わらず
信仰のために命を捧げたことは公に知れ渡っている。
自分はその殉教が行われたときにその場とその時に
立ち会ったことを証言する。

㉛

き奉仕で忙しくしています」。まだ、こういう情報は拾えていたのですね。

中浦ジュリアンが殉教した後、これはマカオで書かれたものです。面白いことに、このルイス・バス・ピントという人が、ジュリアンが西坂で殉教した時、「私は立ち会ったことを証言します」、と言っているのです（㉛）。

この人は、ポルトガルの商売で長崎に出入りしているのですが、たまたま立ち会って、「その時は穴に吊られて足から引っ張られて亡くなるまで、私はそばに居た」と証言しているのです。こういう、ほかのところでは拾えない証拠を、マカオに戻って残しているということなのですね。

イエズス会本部のおかげで長崎の資料が残る

いままでの話で明らかに膨大なデータ、貴重な情報の中心になっていたのはこの場所（県庁跡地）です。最近まで県庁だった所なのですね。世界的なレベル、また日本で、いうまでもなくキリシタンたちの立場だけではなくて、文化的、言語学的なところから見ても、決して無くてはならない場所だといえます。

断っておきますが、私がこういう話をしているのはイエズス会の管区長としての立場ではなく、研究者として記録を見ていえることです。もちろん管区長であることは否定しようもないのですが。

ですから、こういうアピールですね、このようなことがおこなわれていて長崎の歴史そのものを私たちが拾えるのは、こういう本部があったおかげでもあります。こういう貴重な場所をどういう形で守って伝えるかが課題です。貴重な場所、貴重なデータ、世界にとっての記録、特に世界遺産になった現状で、この場所をこれからも私たちは大事にしていかなければなりませんね。これは長崎県民として市民のひとつの大きな仕事でもある、ということです。

東京にいる私も、できるだけ支えるつもりです。けれどもやはり、現場での活動がとても大事だということです。

少々粗いまとめになりましたが、ご清聴ありがとうございました。

■

■第一部■

長崎コレジヨの記憶

長崎純心大学長　片岡瑠美子

皆様こんにちは、純心大学の片岡と申します。

今、レンゾ神父様が世界の中の長崎ともいえる大きな話をしてくださいました。私はその中に、そのような国際的日本人を育てることを目指した学校が教会と同じ敷地内にあったということ、実際に県庁跡地にあったコレジヨについて少しお話しさせていただきたいと思います。

関係あるイエズス会宣教師

- フランシスコ・ザビエル
- アレッサンドロ・ヴァリニャーノ
- ペドロ・ゴメス
- ペドロ・ラモン
- 伊東マンショ
- 中浦ジュリアン
- 原マルチノ
- 諫早のコンスタンティノ・ドーラード
- 日本司教ルイス・セルケイラ

①

ヨーロッパの教育制度による学校の設置

県庁跡地である長崎港に突き出す岬には開港以来、長崎の町の重要拠点として、いろいろな施設が造られました。その中からコレジヨと、そのコレジヨに付属した印刷所のことについてご紹介したいと思います。これ（上記①）は、きょうの話の中に出てくる人の名前を確認したいと思って一覧表にしています。

レンゾ神父様のお話にありましたけれども、長崎には１５７１年、ポルトガル船が入港します。（②）港が開かれたのは前年ですけれども、入ってきたのは71年となっています。（③）そして入ってきたポルトガル船から南蛮文化と呼ばれることになる品々を運んで上陸している情景です。

このポルトガルの貿易船が長崎に入るのは１５７１年から１６３９年まで。そして、１６３６年には出島

②南蛮屏風

③南蛮文化館蔵の南蛮船来航図（左隻）

が造られ、そこにポルトガル人が移されます。1639年にはガレウタ渡航禁止令が発布され、「ガレウタ」というのはポルトガル船を意味しています――が、それで、ポルトガル船はもう長崎に来てはいけない、ということになりまして、ポルトガル貿易は終るわけです。

話は戻りますが、その新しい長崎の岬の上に、岬の教会、と呼ばれますが、正確にはご上天の聖母教会と命名された教会がありました。この聖母教会は1614年にはキリスト教禁止令のために壊されてしまいました。（④）この当時の長崎の町は、このような形だったと考えられています。この岬の突端に教会施設が造られていました。新しく長崎の六つの町、六カ町が造られたのが１５７０年から71年です。

先ほど神父様が話された、世界的に記録される人物を育てるという非常に大きな役割を果たしたコレジヨ、つまり、それはヨーロッパに始まっていた大学高等教育機関なのですけれども、十分な教育カリキュラムとそれを学ぶためのテキストを印刷する印刷所など、そういったイエズス会教育の施設の存在というものが長崎の町を特徴づけたと言えるかと思います。

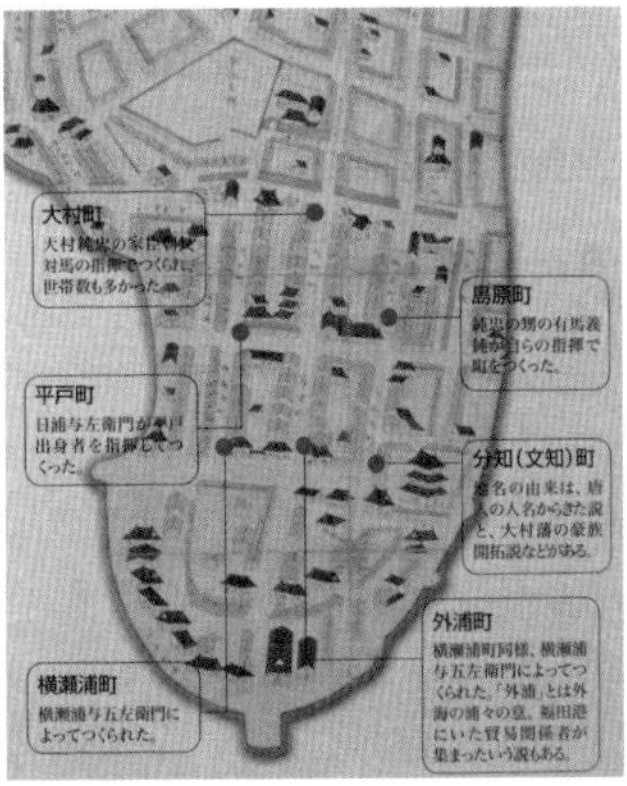
大村町
島原町
平戸町
分知（文知）町
外浦町
横瀬浦町同様、横瀬浦与五左衛門によってつくられた。「外浦」とは外海の浦々の意。福田港にいた貿易関係者が集まったいう説もある。
横瀬浦町
横瀬浦与五左衛門によってつくられた。
④寛永長崎港図（部分）

１６３９年のガレウタ渡航禁止令の後、長崎はオランダ人の町になっていきますが、オランダ人の居住は、出島の中に限られていました。それ以前、出島ができる前には、こうしたポルトガル人は町中に住んでいましたので、日本人たちとさまざまな交流をすることができ、長崎にポルトガルの文化と日本の文化が融合した南蛮文化が生まれてきます。

⑤岬の教会（イメージ）

１６１４年の禁教令によって教会が破壊され、イエズス会宣教師たちが追放されると、教会跡には長崎奉行所が置かれました。

時代を経て、ここには長崎県庁が置かれましたが、17世紀初めには、そこに先に述べた「ご上天の聖母教会」ができるのです。これはフランシスコ・ロドリゲス神父による「１６０１年度年報」の記述から想像した図で、⑸海側から見ればここに崖があるので3階建てに見える。そして町の方からはそのまま1階になっている。少しでも広く土地利用をしてこのような教会堂ができて、この崖の下の海辺には商店が並び、岬の丘陵地に商人たちが集まって町ができたと考えられています。この教会のあった施設の中にキリシタン時代のイエズス会学校コレジヨが開設されました⑹。

キリシタン時代のイエズス会学校

- Seminario　今日の日本の中学校・高等学校
- Collegio　司祭養成の大学：自然科学・哲学・神学を学ぶ

1580年府内に開設
山口・平戸・生月・千々石・有家・加津佐・天草（河内浦）
1598年～1614年　長崎に定着

⑥

イエズス会の学校で教えたこと

イエズス会の学校は世界的にイエズス会が広がる中で、同じ理念を持つ教育施設が整えられていきました。その教育施設をセミナリヨ、コレジヨと言います。

セミナリヨは今の私たちの中学・高等学校に該当します。そしてその中学・高校を終えた人の中からイエズス会の会員になりたい人が選ばれて、コレジヨに進むことができました。コレジヨは司祭養成の大学で、ヨーロッパのカリキュラムと同じ自然科学・哲学・神学を学びます。

この自然科学についてザビエルがすでに書いていますが、日本には中国からの天文学しかない。それを学んでいる人たちが自分たちのところに来て、なぜ四季が巡るのか、なぜ雨が降ってくるのかと問う。そういった自然現象についてきちんと答えなければ、人々は満足しない。答えられると私たちを信頼してくれると言っています。だから自然科学は神学の基礎として非常に大事なものでした。セミナリヨの上に、哲学、神学を学ぶヨーロッパのイエズス会の学校・高等機関コレジヨが長崎にありました。最初はここに記しているように1580年、現在の大分県である豊後の国の府内に開設されました。1587年にはバテレン追放令が出ていますので、山口、平戸、生月、千々石、有家、加津佐、天草というように転々と移動しながら、なんとかこの学校を続けてきました。最後には、1598年から1614年まで長崎に定着して実りをもたらすことができました。

この県庁跡地とイエズス会のコレジヨの関係ですけれども、いろいろな書簡の中に、このご上天の聖母教会の敷地内にコレジヨが置かれたという記録が出てきます。

例えばマテウス・デ・コーロス神父。1603年に、敷地内にたくさんのパードレとイルマンが住んでいた。コレジヨがあって傍らに司教らの住まいや小学校や印刷所などがあった。また教会の建物には三方に回廊を巡らせており、教会床下は地面から4階に上がっていた。あるいは中庭を挟んで、教会とコレジヨの建物があった。コレジヨの建物が増築されて教会の塔が造られた。その塔に3つの鐘と大きな時計が造られたというように、1603年の教会の様子を書いています。

⑦南蛮屏風右隻

南蛮屏風に描かれた建物（⑦）を見ますと、一つ、二つ、三つ。少なくともここに描かれているのは3つの建物です。そして三方に回廊があって、建物と建物を渡り廊下でつないでいます。これはアレッサンドロ・ヴァリニャーノが1582年に書いた「礼法指針」に則っています。「礼法指針」には、日本での教会の建物は宮大工に頼む、つまり和風に造ること、そして外側に外縁、縁側を造ること、建物を渡り廊下でつなぐことなど細かく指示しています。この指示に従って建築が行われたということでしょう。

このどこかに、1598年からコレジヨの建物ができ、恐らく学生が増え、また増築されていった。そして傍に印刷所もあった。ルイス・セルケイラ司教が1598年長崎に来ますが、そのための司教館もできた、という風に、敷地内には建物が増えていったことが宣教師の書簡から伺えます。

ヴァリニャーノが大事にしたマカオのコレジョ

この長崎のコレジヨと同時に、もうひとつ、アレッサンドロ・ヴァリニャーノが大事にしたのはマカオのコレジヨです。このコレジヨは日本人神学生の養成という目的を持っています。

1579年にヴァリニャーノは日本に来るのですが、その前年の78年にこのマカオにコレジヨを造っています。日本では、1580年から府内のコレジヨが始まるのですが、秀吉の伴天連追放令が出てからは、なかなか思うような教育ができません。先ほど申しましたように、各地を転々と移動しながら、なんとか学校を保ってきましたが、その状況では落ち着いて授業を受けることは確かにできませんでした。それで司祭になる前に本格的な神学課程の仕上げを、教授陣が揃っているマカオでする必要があると考えました。

もうひとつ、ヴァリニャーノは、ポルトガル人と日本人の間には、慣習と行動様式に相違がある。日本で教会活動を円滑に進めるには、日本人をポルトガル人社会で生活させ、その言語と習慣を習得させせなければならない。日本人だけで生活しているので国際的感覚が足りない。でも宣教師たちがやってきて日本の教会で布教や教育を進めていくためには、日本人もまたポルトガル人の習慣などを学んでいく必要がある。両者お互いに学んで物事がスムーズに進んでいく——ということで若い人たちをマカオに送るよう勧めています。１５９４年から毎年４、５人ずつマカオにコレジヨの神学生が送られています。

例えば、先ほどのレンゾ神父様のお話に出てきました少年使節だった伊東マンショ、中浦ジュリアン、原マルチノは１６０３年の名簿ではマカオのコレジヨで実践神学の３年生として登録されています。ということは、１６００年にマカオに送られた４名の神学生のうち、３名がこの少年使節だったことになります。彼らは神学課程を終えて１６０４年か翌５年には日本に帰ります。そして１６０８年、３人そろって司祭に叙されています。

⑧マカオ　聖パウロ・コレジヨ
－ファサードのみを残す
聖母教会（聖パウロ教会）－

こうして神学をしっかりと学ばせて司祭にしていきます。迫害が本格化すると、神学生を全員マカオに移そうというのが、ヴァリニャーノの計画でした。（⑧）これを普通「サン・パウロ教会」と呼んでいますけれども、正しくは「聖母教会」で、このマカオの教会の同じ敷地にコレジヨが置かれて、コレジヨはサン・パウロという名称でしたので、コレジヨの教会が日本では「サン・パウロ教会」と呼ばれるようになりました。現在、「聖母教会」のファサード、正面だけが残っています。その隣の敷地がコレジヨ跡で発掘が行われています。マカオで日本人のためにこういう計画的な教育が行われていました。

コレジヨで教えた古典や自然科学

ヴァリニャーノはイエズス会の世界的な教育指針に基づいて日本での司祭養成に取り組みますが、ただヨーロッパのものをそのまま日本で実行したわけではありません。

例えば、⑨イエズス会のヨーロッパのコレジヨでは、ギリシア哲学など古典的なものを勉強する時間がありました。でもヴァリニャーノは日本のコレジヨでは「平家物語」とか「和漢朗詠集」「金句集」とか、日本で印刷・出版したテキストを使って授業を行って

コレジヨのテキスト

- 『平家物語』
- 『倭漢朗詠集』
- 『金句集』

⑨キリシタン版

います。

つまり日本人は日本の古典を知らなければいけないという方針で、非常に思い切った改革を進めています。コレジヨの最大の目的は司祭育成でした。それも、ザビエルが来てまだ50年という時代に、その土地の若者を司祭にしようというのは大胆な試みだったと思います。

でもヴァリニャーノは、日本には伝統的な社会文化がある。そして日本人の多くは読み書きができる。日本人は行儀がよく、とても礼儀正しいと、ザビエルと同じようにヴァリニャーノも書いているのです。だから彼らを司祭にする必要があるし、日本人を司祭にしなければ、日本の教会は成り立たないとまで言い切っています。日本人の司祭が多く出てきたらその中から司教を立てたいので、ヨーロッパから司教を送るのは控えてほしい、と言って、日本人がリードする教会をつくろうとします。これがヴァリニャーノの願いでした。

いろいろな記録から分かる日本人司祭は、長崎のコレジヨで学んで長崎で司祭になった人が15名、１６１４年の追放令後、ローマあるいはマニラ、マカオ、セブ島、マラッカで司祭となった日本人は26名、合計41名の氏名が分かっています。

コレジヨで学ぶ大事なものが自然科学、哲学、神学と申し上げましたけれども、ヴァリニャーノはこれらのカリキュラムに沿った学問をさせるため、１５８３年に来日したペドロ・ゴメス神父にその講義を委ねます。そして講義要綱を作るように要請しています。

日本のコレジヨの講義要綱

でもゴメスも院長とか準管区長としてとても忙しくてなかなかできずにいました。それでも１５９３年には、10年がかりでこの講義要綱を作りました。

講義要綱が書かれ、それをもちいて授業が行われたという事は宣教師の報告から分かっていたのですけれど、その現物は残っていないと考えられていたのです。

ところが、このテキストがローマで発見されました。ローマ・イエズス会の歴史研究所のヨゼフ・シュッテ神父が１９３９年、バチカン図書館のクリスティナ文庫でこの手稿本を発見されたのです。そして内容から、これがペドロ・ゴメスの「コンペンディウム」だと発表されました。恐らくシュッテ神父様も膝が震えるほど驚かれたと思うのです。

１５９３年に書かれたこのラテン語の手稿本（⑩）。これは上智大学で復刻版を作って販売されました。それで長崎純心大学の博物館にもその復刻版を所蔵しております。薄い

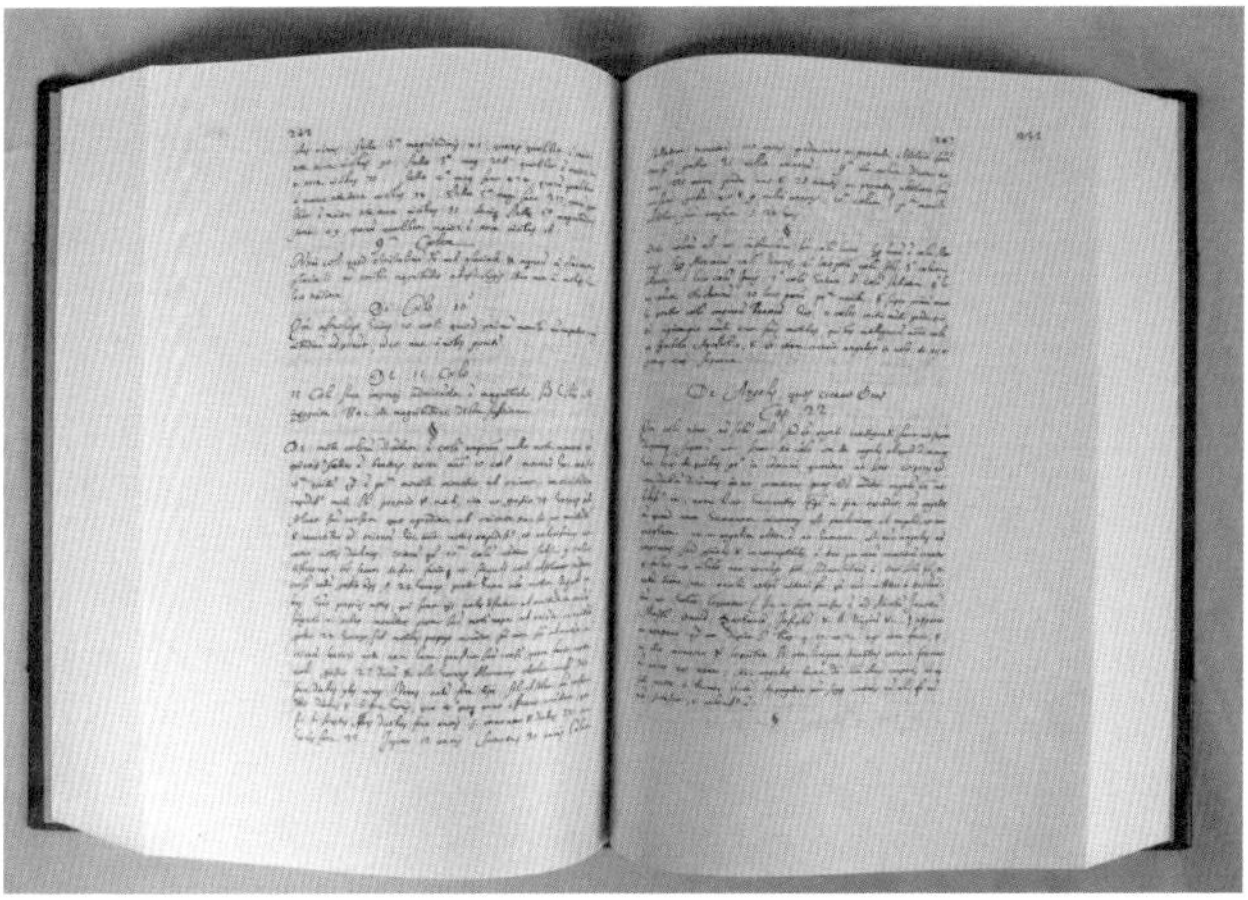

⑩ペトロ・ゴメス編『コンペンディウム』（講義要綱）1593 年（復刻版）
ラテン語　452 葉　手稿本　和紙、墨

良質の和紙に墨で書かれた４５２枚もの非常に大部のものです。ただ、この自然科学分野の第一部がなかったのですね。しかし第一部の内容に該当するのが日本の国立公文書館の内閣文庫にある小林謙貞の『二儀略説』、これが実はコンペンディウムの第一部にある自然科学の部分だと言われていますので、ゴメスの三部作の内容が今では分かることになりました。

こちらは和訳（⑪）なのですが、宣教師の手紙の中に１５９５年に、ペドロ・ラモンがこれを和訳したということが報告されています。和訳されたという事実はあるのですが、やはり現物はないと考えられていた。

ところが、和訳された１５９５年からちょ

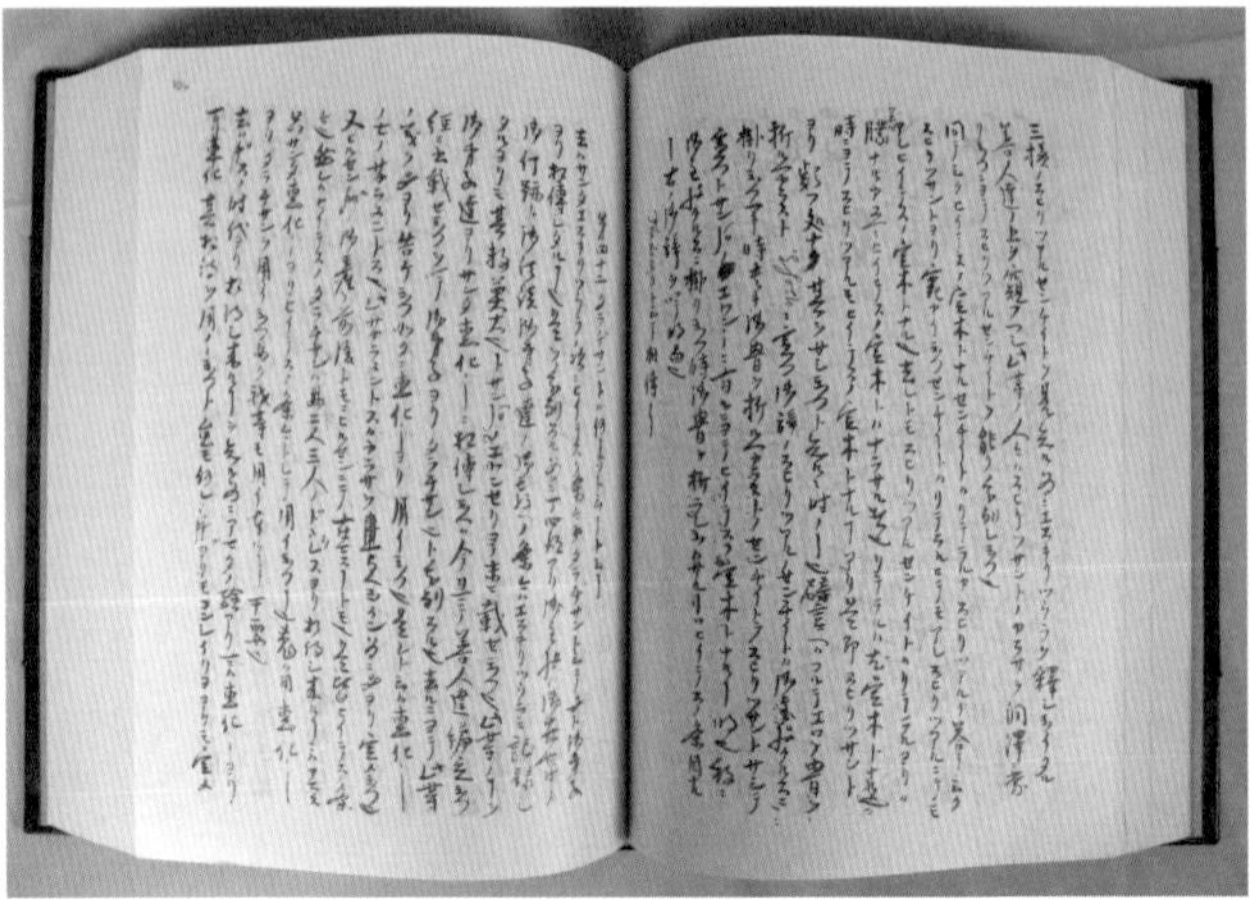

⑪ペドロ・ラモンの日本語訳　1595 年（復刻版）
「伴天連ヘロラモン　日域ノ辞ニ翻訳シ訖（をはる)」

うど４００年後の１９９５年、イギリス・オクスフォード大学のモードリン・カレッジの図書館に和訳手稿本があることが判明しました。上智大学から渡英して、そこで研究していたイエズス会のアントニー・ウセレル先生が図書館に呼ばれ、「日本語らしい本」を見てほしいと言われました。ウセレル先生は「コンペンデイウムの日本語訳」と直感し、開いてみると、「伴天連　ヘロラモン　日域ノ辞ニ翻訳シ訖」（バテレン　ペドロ・ラモン　日本の言葉に翻訳し終える）という文章が最初に現れたそうです。ウセレル先生は飛び上がりそうな興奮を押し隠して、東京で調べたいとそれを借り、急ぎ帰国して上智大学キリシタン文庫で喜びを分かち合いました。和訳の終了

コンペンディウム

- カトリック教理要綱（講義要綱）　ラテン語手稿本　　上智大学復刻
- 第1部　天球論（自然科学）・・・小林謙貞『二儀略説』と内容同じ
- 第2部　デ・アニマ（アリストテレスの霊魂論）
- 第3部　デ・テオロジア（トリエント公会議の概説）　以上の3部構成
  1939年　ヨゼフ・シュッテ神父　ヴァチカン図書館クリスティナ文庫で発見
- ペドロ・ラモンによる和訳　　1593年完成
  1995年イギリス国オックスフォード大学モードリンカレッジ

⑪-2

４００年記念に際して起こった、奇跡的出来事、発見でした。これも復刻出版されました。

コンペンディウムの主な内容（⑪-2）です。これらを考えると、非常にレベルの高い神学、哲学が日本人に教授されていたのです。もちろん、ラモン神父一人で訳されたのではなく、漢学ができる日本人も手伝って翻訳されたと考えられます。当時の日本人（神学生）がそのヨーロッパの哲学・神学・自然科学を学ぶことができたということを、こういったテキストから知ることができます。

天正遣欧少年使節（⑫）を描いていますが、彼らは１５８２年長崎港を出航し、マカオ、ゴアを経てヨーロッパに向かいました。彼らのラテン語はローマの人々を感嘆させる優れたものでした。１５８５年ローマ着。教皇謁見も果たし、１５９０年長崎港に戻りま

⑫天正遣欧少年使節

⑭中浦ジュリアンの殉教図

⑬中浦ジュリアン

した。その後、イエズス会に入会し、1608年伊東マンショ、中浦ジュリアン、原マルチノはコレジヨのある長崎の教会で、セルケイラ司教によって司祭に叙階されました。ヴァリニャーノ神父が手塩にかけて育てた新司祭たちでした。

これは使節の中の一人、中浦ジュリアンです(⑬)。使節の使命を果たし、帰ってきて司祭になり、追放令が出るとほとんどの宣教師はマカオあるいはマニラへと追放されましたが、中浦ジュリアンは密かに残留、潜伏しました。日本人ですから非常に潜伏しやすかったので、隠れて長く信徒たちを指導、励ましていくのですけれども、(⑭)1633年にこうして逆さ吊りの刑で殉教していきました。ヴァリニャーノたちが本当に司祭を育てたいとして始めた事業が、こういう形で実っていったということです。

印刷所の設置—活版印刷機による「キリシタン版」の刊行

もうひとつ、コレジヨに付属していた印刷所の存在は、非常に貴重、重要なものでした。先ほどお見せしたのは手稿本、手書きです。これを写すのは本当に大変なことですが、ザビエルも最初からテキストとして印刷を始めたいということをたびたび書いています。

少年使節がローマに行くときに、ヴァリニャーノは印刷技術と活字の鋳造技術を学ぶための青年たちを同行させています。ですから、少年使節たちが炊事道具とかいろいろなものに驚いている時、彼らは一生懸命に活字の製造を見に行っていたと報告書にあります。彼らが持ち帰った印刷機は⒂このような機械で、写真はマインツの印刷博物館にあるグーテンベルク時代の印刷機の実物ですが、使節が持ち帰ったのはこのように大きく、こういったものを実際に持ってきました。組み立て式です。

そして印刷の方法は、活字を組んで並べること。次に油性インクを塗って紙を置き、上からこれを押して印刷するという新しい方法です。金属活字の印刷が始まるのがコレジヨのあった県庁跡地なのです。

一番の目的はコレジヨ生のためのテキストを作りたいということでした。それに、宣教師の数が足りず、信者たちのところに宣教師が訪問できない場合も多い状況であったので、書物があれば日本人はそれを読んで学ぶことができる、信仰を深めることができるという布教の目的で、できるだけ教義書、信心書、祈祷書など、それから宣教師のための辞書、コレジヨの学生のための辞書、そういった印刷物をたくさん出版しました。キリシタン版と呼ばれています。

注目したいのが、この『サカラメンタ提要』⒃です。これは日本の文化史上におい

⑮グーテンベルグ印刷機

MANVALE
AD SACRAMENTA
ECCLESIAE MINISTRANDA.
D. Ludouici Cerqueira S.J. Japonensis Episcopi
opera ad usum sui cleri ordinatum.

CVM APPROBATIONE, ET FACVLTATE.
Nangasaquij,
In Collegio Japonico Societatis IESV.
Anno Domini. M. DCV.

⑯日本司教
ルイス・セルケイラ編
『サカラメンタ提要』
1605年　長崎コレジオ刊

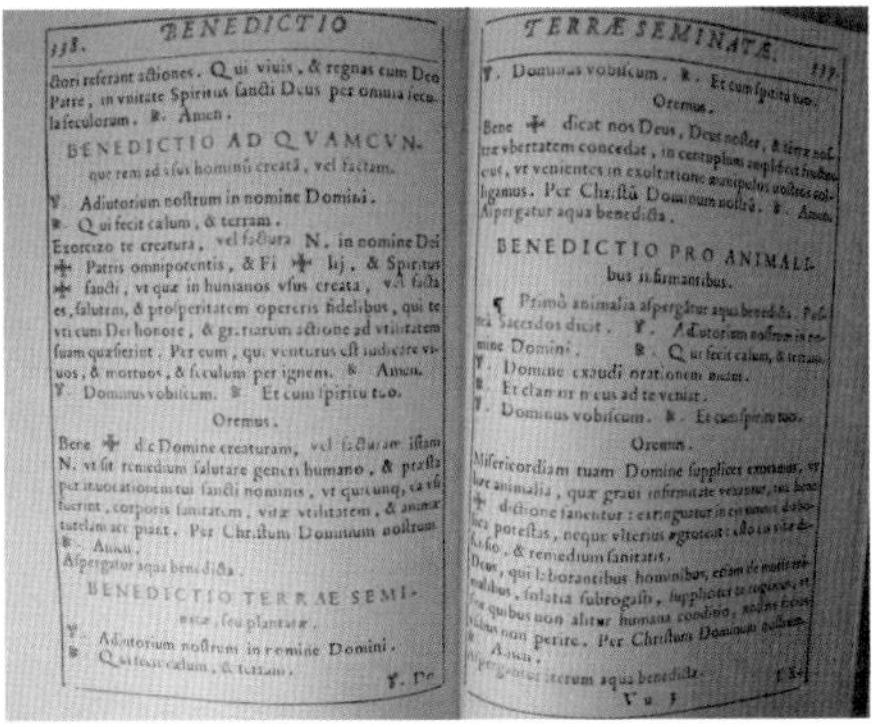

BENEDICTIO
158.
ctori referant actiones. Qui viuis, & regnas cum Deo Patre, in vnitate Spiritus sancti Deus per omnia secula seculorum. ℟. Amen.
BENEDICTIO AD QVAMCVNque rem ad vsus hominũ creatã, vel factam.
℣. Adiutorium nostrum in nomine Domini.
℟. Qui fecit cælum, & terram.
Exorcizo te creatura, vel factura N. in nomine Dei ✠ Patris omnipotentis, & Fi ✠ lij, & Spiritus ✠ sancti, vt quæ in humanos vsus creata, vel facta es, salutem, & prosperitatem opereris fidelibus, qui te vti cum Dei honore, & gratiarum actione ad vtilitatem suam quæsierint. Per eum, qui venturus est iudicare viuos, & mortuos, & seculum per ignem. ℟. Amen.
℣. Dominus vobiscum. ℟. Et cum spiritu tuo.
Oremus.
Bene ✠ dic Domine creaturam, vel facturam istam N. vt sit remedium salutare generi humano, & præsta per inuocationem tui sancti nominis, vt quicunq; ea vsi fuerint, corporis sanitatem, vitæ vtilitatem, & animæ tutelam accipiant. Per Christum Dominum nostrum. ℟. Amen.
Aspergatur aqua benedicta.
BENEDICTIO TERRAE SEMInatæ, seu plantatæ.
℣. Adiutorium nostrum in nomine Domini.
℟. Qui fecit cælum, & terram.
℣. Do

TERRÆ SEMINATÆ.
159.
℣. Dominus vobiscum. ℟. Et cum spiritu tuo.
Oremus.
Bene ✠ dicat nos Deus, Deus noster, & terræ nostræ vbertatem concedat, ...
... Per Christũ Dominum nostrũ. ℟. Amen.
Aspergatur aqua benedicta.
BENEDICTIO PRO ANIMALIbus infirmantibus.
¶ Primò animalia aspergãtur aqua benedicta. Postea Sacerdos dicit. ℣. Adiutorium nostrum in nomine Domini. ℟. Qui fecit cælum, & terram.
℣. Domine exaudi orationem meam.
℟. Et clamor meus ad te veniat.
℣. Dominus vobiscum. ℟. Et cum spiritu tuo.
Oremus.
Misericordiam tuam Domine supplices exoramus, vt hæc animalia, quæ graui infirmitate vexantur, tua bene ✠ dictione sanentur: ...
... & remedium sanitatis.
Deus, qui laborantibus hominibus, ...
... Per Christum Dominum nostrum.
℟. Amen.
Aspergantur iterum aqua benedicta.
V u 3

⑰２色刷り活版印刷（『サカラメンタ提要』）

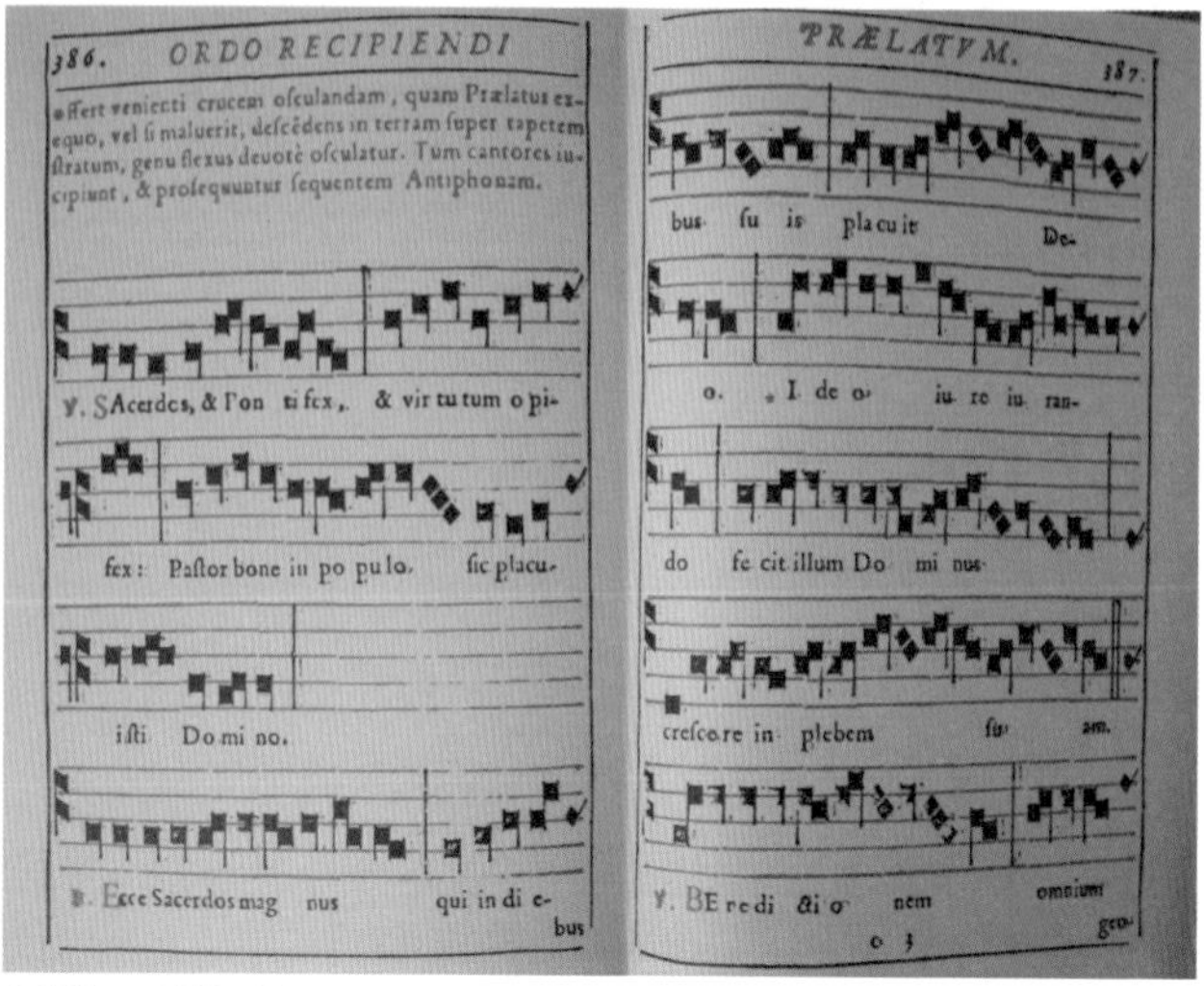

⑱楽譜は五線譜に並んでいる

ても、非常に貴重なものです。初めて二色刷りを日本で実現したものです。活版印刷ですが（⑰）黒・赤の二色刷りということです。１６０５年に長崎で刊行されたものです。この本文は黒で印刷されていますが、赤で注意書きを入れているのですね。

さらにこのテキスト（⑱）には西洋音楽の楽譜が含まれています。教会では、司教を迎える時とかお葬式の時、特に日本人はお葬式を荘厳に執り行うので、その荘厳さを高めるためにグレゴリア聖歌を歌うようにしていたようです。研究者によると、この楽譜の音符は活字を使っているのだそうです。五線譜をまず印刷して、その上に黒いインクを使った音符を並べていく。こういう二度刷りの高い技術の印刷を行っていたことが、この本からも読み取れますね。

生月島のオラショはグレゴリアン聖歌から

ほかにもグレゴリアン聖歌の楽譜があったかもしれません。例えば、生月島《いきつきじま》のかくれキリシタンの方々が伝承してきた歌オラショがあります。中世音楽の研究家皆川達夫先生がスペインの修道院で古い聖歌の楽譜を探して見つけられた「オ　グロリオーゾ」という聖歌が、生月に伝わる歌オラショだと分かりました。ラテン語の歌詞は相当に転嫁しており、旋律も詠誦、あるいは祝詞のように感じるのですが、グレゴリアン聖歌と比較しながら聞くと、まさしくグレゴリアン聖歌が訛ったものなのです。教会の典礼でこのような楽譜を使っていたのかもしれません。

コレジヨに附属した印刷所で刊行された教科書は、日本の教育史上、最初の活版テキストとして教育上の価値を有し、また、日本字、ローマ字、草書体、楷書体、ルビ、二色刷、日本最古の洋楽譜の印刷など印刷史上、文化史上に非常に高い技術的価値を持っています。このことを、県庁があったこの丘の上で私たちは思い起こすことができるのです。これは県庁のあった土地に刻まれているコレジヨの記憶だろうと思います。

そこで学んだ日本人たちの努力も評価されるべきではありますが、ヨーロッパの大学で教える資格、あるいはすでに教授であったイエズス会の宣教師たちであったからこそ、高いレベルの教育が施され、教会の優れた指導者が誕生したのだと言えます。残念なことにコレジヨの教育は1614年の禁教令という政治的な力で閉ざされてしまいました。

でも記憶は残っています。私たちは、短期大学を4年制大学の人文学部に改組する時、「いま長崎にコレジヨがよみがえる」というキャッチフレーズを掲げました。私たちはこのコレジヨの精神をもって、若い人たちの教育に努めたいという思いで、大学教育に励んでいます。

しっかりと基礎づけられた宗教教育を受け、国際的感覚、ゆるぎない信仰をもって殉教に至るまでその使命を生きた日本人司祭たちが養成されたことは、長崎の地で、厳しい信仰弾圧の時代にも、250年潜伏しながら信仰伝承が成し遂げられた、ひとつの要素であったと言えると思います。

教会堂があり、コレジヨがあり、印刷所があり、日本中で最も多くの宣教師が足跡を残したところの「旧県庁跡地」は大切な、忘れてはいけない記憶を伝える場所ではないかと考えております。ご清聴ありがとうございました。■

■第一部■

江戸時代後期の幕府政治と長崎奉行

東京大学名誉教授　藤田　覚

ご紹介いただきました藤田と申します。「世界の中の長崎、日本の中の長崎」というテーマとはぴったりとは合わないかもしれません。どちらかというと、とくに十八世紀後半以降の江戸から見た、あるいは江戸城から見た、江戸幕府から見た長崎、あるいは長崎奉行、長崎奉行所、このような内容になるかと思います。

私は主に十八世紀以降の江戸幕府を中心とした政治の歴史を勉強してまいりました。そのうえで理解した幕府の政治と長崎との関りをお話ししたいと思います。

田沼時代の経済・財政政策の特徴

最初に、いわゆる田沼《たぬま》（意次《おきつぐ》）時代の幕府の政治と長崎がどう関わったのか、という話から入ります。

田沼時代の幕府の政治では、経済・財政政策の面で非常に特徴のある政策が行われたと思うのですが、よく考えてみると非常に単純なことをやっております。要するに、支出を減らして収入をいかに増やすか、ということであります。

どうやって減らすか、どうやって増やすかというところに特徴があります。田沼時代というのはやはり特徴のある支出の減らし方、収入の増やし方をしていた、ということです。支出を削減するというのは当たり前で、倹約することです。それと幕府が負担すべきものを、それ以外の大名とか旗本とかに転嫁するということです。

どうやって収入を増やしたのかということですが、特徴は、当時、発展してまいりました"もの"を作る、商品を生産する。そしてそれが全国的に流通するわけですね。さらには、そのための資金提供という意味での金融ですね。こういうものに幕府財政の財源を見出すことを積極的にやっていた、ということです。

具体的には、株仲間《かぶなかま》というような同業者仲間を積極的に認め、彼らに一定程度の特権を与え、特権を与えたのだからその見返りに金を出せという。これが「冥《みょう》加《が》金《きん》」で、この名前でお金を出させてきたということ。あとは非常に小規模なものを作る商品生産にも課税する。まあ、本当にわずかな額なのですが、一両の半分とか半分にも満たないくらいの税を出させる、ということですね。これらは運上金《うんじょうきん》とか冥加金というのですが、非常に広く薄く課税していく、ということをやっております。

さらに金融関係で、各種の「会所《かいしょ》」、これは当時の言葉なのですが、そういう団体を作る者に設立を認める。その替わり、やはりお金を出せということで、非常に多額の冥加金を出させることで収入を増やしていった。こういったところが、実はこの時代の特徴であります。

長崎貿易の利益を幕府が吸い上げた

それでは、この時期の長崎との関りですが、簡単にいえば長崎貿易の利益をいかに吸い上げるかということだと思います。要するに財政収入を増やす一環として長崎貿易から利益を吸い上げる、ということです。

具体的にはどうやったのか、ということですが、勘定奉行《かんじょうぶぎょう》が同時に長崎奉行を兼ねるという、要するに長崎奉行だけれども同時に勘定奉行だということです。代表的な、といっても二人しかいませんが、一人は松浦信正《まつらのぶまさ》という方で、一七四五年から一七五二年まで、勘定奉行でありながら長崎奉行を務めた。もうひとりは石谷清昌《いしがやきよまさ》。この人は一七六二年から一七七〇年まで、やはり勘定奉行と長崎奉行を兼務した方です。

一七八七年、当時の勘定奉行が書いたものの中に「御江戸勘定所評判にては、仕方《しほう》は松浦氏、御公益は石谷氏との事に候」、つまり、やり方は松浦氏が作り、そこから利益を生み出したのは石谷氏、というのが当時の勘定所での評判だった、ということですね。

これに関わることなのですが、幕末の大変に有能な幕臣だった川路聖謨《かわじとしあきら》という方が、一八四二年ごろのことを『遊芸園随筆』の中で、こんなふうに書いております。田沼時代に石谷備後守（清昌）が挙げ用いられ、勘定奉行に昇進した。同人は非常に世に勝れた奉行で、現在に至るまで、この現在は一八四二年ですが、佐渡奉行所も長崎奉行所も、また勘定所もみな、この石谷清昌がやったことを基準にして運営しているのです。こういうことを書いております。

この石谷清昌という人は大変に豪傑だったことが、こういうことから分かると言うのですね。そして、この人をここまで奉行として使い、よく活躍させたのが田沼意次なのだと言うのです。ですから、実は田沼という人も豪傑だった、と川路聖謨は語っております。
この石谷という人は、いわゆる田沼時代の前半の財政・経済政策を担った勘定奉行で、ここにも書かれている通り、佐渡奉行から勘定奉行になり長崎奉行を兼務しました。そういう役所のさまざまな規則を整備し、それによって幕府に利益をもたらした大変な能吏だったということです。

さらに、この勘定奉行が長崎奉行を兼ねるというだけでなくて、実際に幕府の勘定所の役人が長崎に常駐するという仕組みを作っております。支配勘定とそれに普請役《ふしんやく》。勘定所では一番低いクラスの役人ですが、これが長崎奉行所に常駐するということになります。これは一七七一年から始まりまして、これによって勘定所が役人を送り込んで、長崎奉行所と長崎会所を監督するという仕組みを作っております。

これは、このころの幕府がよくやっていたことで、例えば一七七四年に、禁裏御所《きんりごしょ》、朝廷に幕府役人を送り込みまして、それで要するに、朝廷あるいは天皇の所の財政を管理してしまい、監督するという仕組みを作っていますが、これと同じことを長崎でもやった。あるいは逆に長崎でやったことを朝廷、天皇の所の財政を管理監督するという仕組みに応用したのかもしれません。だから、単に長崎だけではなかったということです。

これを通して長崎貿易の利益を吸い上げるわけですが、幕府はかつて、古くはですね、長崎運上《うんじょう》というのをかけておりました。これは、一六九九年に長崎会所に対して上納を命じます。一七二三年に五万両、一七三三年には三万五千両とだいぶ減らしました。さらに一七四二年には廃止しました。要するに、運上を出すほど利益が上がらなくなったということです。

それどころでなくて、幕府から拝借金《はいしゃくきん》というものを受けることによって、やっと会所と貿易を維持するというような事態が続いております。拝借金というのは、幕府が無利子で十年とか五年とか年賦で返済させる幕府の恩恵的な融資制度ですが、それによって、やっと長崎会所と長崎貿易を維持するという状態が続いたわけです。そこに勘定所、勘定奉行が直接、長崎奉行を兼任して乗り込んでくるわけです。

結局、一七四六年には、とうとう拝借金の合計が二十一万両にもなってしまいました。これを松浦信正たちが、十四年間で返せと言って完済させる計画を立案して実行させる。それで一七六一年には二十一万両を完済させました。

そうすると、翌年から石谷清昌が勘定奉行と同時に長崎奉行も兼ねる。それによって毎年、例格上納金という一万五千両を上納させる。さらに、そのほか別段上納金とか別段増上納金とか、いろいろな名目をつけて毎年、計三万両を長崎から上納させる。

三万両はどれくらいの金額か。当時の江戸幕府の年間予算が、お金で収支する部分が百万両弱ぐらい。ですから三万両といえば予算全体の三パーセントぐらいにあたる。そんな数字だと理解してください。

その他、中国やオランダから金銀を輸入する。これによって幕府は五匁銀《ごもんめぎん》とか南鐐二朱銀《なんりょうにしゅぎん》、特に南鐐二朱銀は極めて優れた純度の高い銀貨を鋳造したものでして、その元となる地金《じがね》を輸入しております。このように、利益を吸い上げる対象として長崎を位置づけている。

松平定信は「長崎は日本の病」との認識

ところが田沼が失脚し、その後、寛政《かんせい》の改革という幕政改革が始まると、長崎の位置づけが大きく変わっていきます。それが一七九〇年に貿易半減令という、当時の言葉で半減商売というのですが、貿易を半分に減らす政策を打ち出します。

なぜ、こういう政策が打ち出されたのか、その背景を当時の幕府の為政者の言い分から紹介しておきます。

まず寛政の改革を主導した松平定信《まつだいらさだのぶ》ですね。この方が一七八六年の末から翌年はじめに書いて出したという意見書が残っています。その中でこんなことを言っています。「長崎の事、よくよく御考えなさるべく候、（中略）とにかく長崎は日本の病の一つのうちにて御座候」。とにかくですね、長崎は日本の病気のひとつだ、と。だから何とかしなければならないのだと言う。まだ老中になる前から語っているのですね。

次は老中になった直後、一七八七年七月です。この前の月末あたりに老中になるのですが、七月になると寛政の改革を始めるという宣言が出ます。ちょうどそのころ書いた意見書ですが、その中でこんなことを言っています。

「凶年うち続き候につき」、要するに天明の飢饉が続いたので、「次第に米穀乏しく相成り候て」今日のような事態になった。「このうえ万一大風出水など不時の変災これ有り候わば」、要するに自然災害が起こったら、「長崎ならびに対州《たいしゅう》（対馬）、松前《まつまえ》の辺も間隙《かんげき》に乗じ候心遣《こころづか》いの儀、これ有るまじきものにもこれ無く候」、つまり、国内が大混乱している時に長崎とか対馬とか松前、こういうところに、混乱に乗じて異国、外国が攻めてこないとも限らない、ということを言っているのです。そういう対外的な危機感を示すのですね。

次に、これは尾張藩主の意見です。当時、松平定信を支えているのは御三家と御三《さん》卿《きょう》。御三卿のなかでも一橋家。実は彼らが支えているのですね。松平定信は何か政策を実行しようとすると必ず、この御三家や一橋家に「こういうことを考えていて、こうしようと思うが……」と意見を求めます。だいたい賛成を得て政策を打つのですが、そういう意味で尾張藩主の意見というのは松平定信の考え方を規制している、枠を作っている。そういう意見と承知していただきたい。

この中で一七八九年、寛政元年ですが、尾張藩主がこう言っています。「阿蘭陀《おらんだ》持ち渡り候品、一年切りの物にて」、要するにオランダから来るものは一年しか持たない、つまり使い捨ての物で長く役に立つ物ではないというのですね。でも「袖《そで》時計・羅紗《らしゃ》のたぐい、薬物など」は一年では壊れないから、一年切りの物ではないと思うのですが、まあ、そういうことを言う。「これなく候てもよろしき品に御座《ござ》候えば」、なくたってよい物が多いのだと言うのですね。「通商御差しとめ仰せつけられ、それともたってあい願い候わば、その節少々御さしゆるしに相成り候わば、交易の銅の員数減り申すべく候」、つまりですね、尾張藩主に言わせれば、オランダとの貿易はやめたほうがよい、それでも向こうがやってくださいと頼むのなら、少しは許してやってもよいのではないか、こういうことを言うのです。

こういう人たちが松平定信を支えていた。それでは当の松平定信自身はどういう認識だったのか、どう考えていたのか、それを伺える史料が次です。

オランダを目の敵にした松平定信

松平定信の自叙伝『宇下人言《うげのひとこと》』によると、「長崎の地ことに乱れて」、とにかく長崎は混乱しているというのですね。ですから「紅毛二艘のところ一艘、唐船は薬物など持ちきたりてたすけにもなり侍《はべ》れば、十三艘のところ一、二艘減らすべし」、オランダ船は二艘来ているけれど一艘にしてしまい、唐船は薬物を持って来たりして役に立つから、十三艘来ているところを一、二艘減らすだけでよいのではないか、と言っています。

どうしてもオランダ貿易に対しては目の敵にする。そこで「半減こそ永久の為なるべし」と。「もし紅毛来たらざればなおさら永続の為にて侍るべし」、二艘のうち一艘は残すと言っているのだけれども、本当のところ一艘も来なくていい。もう関係を断つのだと、こういうことを言っております。

それでどうするのだというと、長崎の地へ生業を教えよう、生業の仕方を教えようということです。例えば、紡織、織物ですね。または陶物、これは焼物です。こういう物を作る。または紙漉《かみす》きなんかやらせればいい。そうやって生活できるようにすべきだ、と。さらにですね、「長崎海浜へ新田を取り立て、生計得がたきものはその地へつかしめば、何のうれいもなきなり」、海浜を埋め立てて新田を造り、農業をやらせるとよいのではないか、という。そうすれば長崎の住民も暮らしは成り立つし、何の問題もないのだ、とこう言っております。

しかし、唐船が来なくなると、定信にとってこれは困るのですね。もしも唐船が入って来なくなったら「寛文《かんぶん》（寛永《かんえい》の誤りか）已前《いぜん》の例によりて唐かたへわたりて薬物かいもとめてひさぐべし」、要するに、中国船は薬種《やくしゅ》を持ってくるから有用なのだ、だから関係を絶てないと言うのですね。中国の貿易船は認めてもいいのだ、と。もしも、向こうから、いやだと言って来なくなると困るが、その時は寛永以前、いわゆる寛永の鎖国令以前は中国に渡っていたのだから、今回も中国船が来なくなったら日本から船を中国へ出して買ってくればよいのだ、と。

いわゆる鎖国令とどういう関係になるのか非常に微妙で、松平定信がこれ以外に書いたものも丁寧に読んでいくと、本当にこの人は、「寛永の鎖国令」とは何だったのか、ということを理解しているのかしていないのか、はっきりしないところがある方で、もう止むを得なければ貿易してもいいのだ、ということを時々書いたりするのです。そういう人だから、こんな言い方をするのですね。要するに有用な物、金銀銅、これが有用なのですね。それと翫物《がんぶつ》、おもちゃ、こういう物と貿易していると、有用な物が外に出て、翫物が国内に入ってくる。こういう貿易をしていることが問題だと言っているのです。

だから貿易は削減する。特にオランダ貿易を削減する、あるいは停止する。では長崎はどうするのか。長崎の地は他の都市や地域と同じものに造り変えれば、それでよいのだと言う。こんな政策を定信は抱いているわけです。ですから、これが恐らく、老中になる前、寛政の改革を始める前後二、三年はこういう考えだったのだろうと思うのです。

ところが、それが通用しなくなってくる。というのは、これはどうやら、ロシア使節ラクスマンが一七九二年に根室にやってきたのですが、この処理を経るなかで定信の認識は大きく変わっていきます。

漂流民送還体制・禁教を担う長崎奉行

特にラクスマンが来た翌年の一七九三年六月、ラクスマンに渡しました回答書にこんな事を書いております。定信たちはこれを国法書、国の法であると言って渡しています。「たとい我が国より漂流したる人を送り来るというとも、長崎の外の湊にては上陸のことをゆるさず」、例えば日本から海外へ漂流してしまったという人を送り返してきてくれたとしても、長崎以外の港では上陸することを許さないということです。

「また異国の船漂流し来るは、兼ねてより通信ある国のものにても、長崎の湊より紅毛船をしてその本国に送りかえさしむ」、以前から通信のある国とは国書を交換する国なわけで、今風に言えば国交のある国、その国の者が日本に漂流してきた場合どうするのかというと、これは長崎の港からオランダ船を使って本国へ返すのだという。要するに通信のある国だってそうしている、と言うわけです。ましてロシアなんて通信も何もない、そんな国だと、そういうことを言いたいわけです。

そして、この国法書の最後に「長崎の湊に来るとも、一船一紙の信牌《しんぱい》なくしては通ることかたかるべし」、通信とか貿易とかの目的で長崎に来るには、ひとつの船に対して、入港許可証である一枚の信牌がなくては港に入ることはできない、と書いている。この信牌は当時、中国船に対して交付していたのですが、これによって長崎の港に入れるし、そこで貿易もできる、そのための証書です。「また、通信、通商のことも定め置きたるほか、猥《みだ》りにゆるしがたき事なれども、猶も望むことあらば、長崎にいたりてその所の沙汰《さた》にまかすべし」、要するに国交とか貿易とかは、実はもう相手は定まっているのだから、簡単に許すわけにはいかない。だけれども、お前たちロシア人に望むことがあるなら、長崎に来て長崎奉行に訴え、その指示に従いなさいと言っているわけです。

松平定信たちがどう考えていたのかということなのですが、長崎と長崎奉行所の固有の機能・役割、そういうものを国法で確認し規定したということになります。

具体的には、長崎というのは江戸時代の外国人漂流民を送り返す、漂流民送還体制というのですが、それを担う港であり、その役務を果たすのが長崎奉行であり、長崎奉行所なのだということです。

やはり日本は四面海ですから、どうしても漂流してくる。特に朝鮮あるいは中国などから漂流してくる場合がある。ですから送還する体制を作り上げていたわけですが、それを担うのは長崎であり、長崎奉行ということです。そのことが、この国法書にも貫かれている。それを確認しているということです。

あとは日本人漂流民です。長崎奉行所が担っているのは「宗旨吟味《しゅうしぎんみ》」、踏絵などです。そうやってキリスト教の侵入を阻止するという役割を果たしております。要するに海外に漂流していたらキリシタンになっているのではないか、と疑う。だから、なってはいないということを調べるための仕組みですね。こういった「宗体《しゅうたい》怪しき者」の吟味、キリシタンになっていないか確かめる。そういった意味でキリシタン禁制の最前線を担う機能を、やはり長崎奉行が担っているということです。

長崎は外交交渉の最前線

もうひとつ、長崎というのは外交交渉の地なのだということを明確に語っているのですね。そういう意味で、長崎奉行は外交交渉の最前線を担う幕府役人だったわけです。

ですから、レザノフが一八〇四年に長崎にやってきて、一八四六年にフランスのセシュ、一八五三年にはプチャーチンも長崎にやって来る。これはみな、こういう国法書で示した外交交渉は長崎で行うという主旨に従って長崎にやって来るわけです。国法書に従わないのはアメリカですね。アメリカというのは、ペリーが浦賀に来たということでご承知だと思いますが、実はそれより前、一八四五年に捕鯨船員たちが日本人漂流民を送り返しに、やはり浦賀にやって来ているのです。太平洋を隔てた国とインド洋とか東シナ海を経て、日本近辺にやってくる国の人々とは、いささか違う所があるように思います。

いずれにしろ、この国法書をロシアに渡すことによって、長崎奉行所というのは要するに、漂流民送還を担う最前線の役所、役人たちであり、さらに外交交渉を担う役人であり、役所なのだということを明確にさせたということです。

次に、やはりこれも松平定信が『宇下人言』に書いていることで、「寛政四、五年のころより紅毛の書を集む、蛮国《ばんこく》は理《り》にくわし、天文・地理又は兵器あるは内外科の治療、ことに益も少なからず」、要するに寛政四、五年のころ、ラクスマンの来日ごろからですね、紅毛の書、蘭書を集め始めた。ものすごくたくさん買い集めますが、これはその頃から始めたのだと。では何故かといったら、欧米の国というのは理、つまり自然科学に詳しい。特に天文・地理・兵器あるいは医学、こういうことには益が少なくない。これは認めざるを得ない、ということでしょうか。

続けて「されどもあるは好奇の媒《なかだ》ちとなり、またはあしき事などいい出す、さらば禁ずべしとすれども、禁ずれば猶やむべからず」、この蘭書、西洋の知識というのはもう一方で好奇の仲立ちとなる、悪いことを言い出す輩が出て来る。だから禁止したい、という。しかし禁止したいとは言うけれども、しきれないのではないか、いわんや益もある。ジレンマがあるのですね。

だからどうするのだというと、定信は、「さらば書籍など、心なきものの手には多く渡り侍《はべ》らぬようにはすべきなり」という。簡単に言えば、蘭書が好き勝手に手に入るという状況にはさせない。そうすると勝手なことを言うやつが増えるからだ、と。だから、そういうことにならないようにすべきだという。

定信は、こういう蘭書をたくさん買ったけれども、どこから買ったのか。最後に出ていますね。「長崎奉行へ談じて、舶来の蛮書かい侍《はべ》ることとは成りにけり」、要するに、長崎を通さなければ定信が言うところの有用な蘭書は手に入らないということです。そういう大変に貴重な役割を長崎と長崎奉行所が担っている。こういうことを認識せざるを得なかった、ということです。まとめますと、蘭書とか洋書、あるいは蘭学、こういうものの有用性の認識が生まれている、ということです。それはやはり、天文、地理、医学、兵学に大変に益があるということを認めざるを得なかったのです。

しかし一方で、「好奇の媒ちをなす」、悪しきことをいい出す者が出る。これに対する警戒を持つわけです。この「悪しきことをいい出す」とは何のことか。要するに幕政批判です。幕府を批判する者が出てくる。それは林子平たちなのですね。定信の念頭にあるのは『海国兵談』。そういうものへの警戒です。蘭学は有用だからやるのだけれども、統制はするという。その有用なものは幕府が独占する、外には漏れないようにする、ということが定信の基本的な考え方らしい。幕府としては、その後もだいたい、そういう線を維持していきます。ここから外れようとすると、弾圧を加えるということになります。

そして、こういった蘭書・洋書は結局、長崎奉行を通じてしか輸入できないということで、長崎奉行の非常に重要な役割を認めたということです。そして、蘭書や欧米事情を入手するためにはオランダが必要になります。ただ長崎奉行がいるだけでは輸入はできませんから、オランダと貿易をしていないとできないことです。蘭書や欧米の情報を入手するためには、オランダの存在が必要であるということになります。そして蘭書およびオランダ情報を翻訳しなければならないので、そのためオランダ通詞《つうじ》の存在が重要。こういう認識につながっていくわけです。

ロシアの意図不明の行動をオランダに調査依頼

最後に強調しておきたいことですが、要するに対外情報を入手できる立場としての長崎の重要性についてです。外国との関係がいろいろ複雑になる、別の言葉でいうと対外的な危機が深まるとともに、長崎の重要性が高まる。そういう関係になります。

そこで、私が自分で調べたものの中から紹介しますと、一八〇六年という年から翌年にかけてロシア軍艦が樺太《からふと》とか択捉《えとろふ》島、利尻《りしり》島、こういったところを攻撃するという対外的な紛争が起こってしまった。幕府側の施設とか船が一方的に攻撃を受ける事態を迎えた。国内は当然、大騒ぎになってしまうのですが、この時、幕府は何をしたか。ロシアはどういう意図でやっているのか、今後どうするつもりか、ということを知りたいわけですね。知りたいが分かるわけがない。そうしたら、彼らは何をしたかというと、長崎奉行を通してオランダ商館長にロシアの攻撃意図を調べてくれと頼む。でも急にはオランダ商館長も分からないので、本国に問い合わせてみるとかいって調べるわけですね。それで二年後くらいに回答が幕府に寄せられております。

本当にロシアはやる気なのか、長崎でレザノフが貿易を要求してきたのだが、とっとと帰れと言ったわけです。そうしますと幕府としては、これはもしかしたら、そのことに怒って、攻撃しているのではないか、というようなことを考えるわけです。この推測が当たっているかどうか分からない。確かめるためには、結局はオランダ商館長しかいないわけです。こういう時に便利に使うことができるのが、オランダの存在なのです。

もうひとつは、一八三九年から始まるアヘン戦争。これは幕府だけでなく、当時の知識人たちを震撼させた事件です。これも、本当に多くの情報を伝えてくれたのはオランダなのです。「オランダ風説書」といいます。しかも時々、秘密情報も送ってくる。それによってアヘン戦争の実情を知ることになるわけです。

この時、特に天保十三年ですから一八四二年に商館長が伝えた情報。このアヘン戦争が終わったらイギリスは軍艦を日本に派遣して、もしも不都合な対応をとったら戦争に訴える、こういう計画だとイギリスの軍人から聞いた情報を、幕府に伝えるわけです。幕府はびっくりしました。当時、「異国船打ち払い令」という、外国の船が来たらとにかくやみくもに打ち払う政策をとっていたのですが、これはもろに不都合な取り扱い事例になりますので、イギリスと戦争になるかもしれないと、もう震え上がるわけです。ですから、その商館長からの情報を得て、たちどころに異国船打ち払い令を撤回するわけです。逆に薪水《しんすい》を給与するという、「天保の薪水給与令」と言っていますが、それに転換してしまう。そうやって戦争を防ごうとしたのですね。

もうひとつは蘭書とか兵器。こういうものを輸入する必要があるということで、これまた長崎とオランダの存在意義が高まるわけです。実際、蘭書は膨大に輸入されておりますし、兵器自体も特に、この天保の改革になりますと、幕府あるいは老中たちが、銃とか大砲とか長崎を通してオランダに注文するということも行っています。

長崎というのは、田沼時代あるいは寛政期への移行期と、寛政の改革の終わり頃以降とは、もう位置づけが随分と変わってしまうのです。そういう意味では、幕府の政策の変化に他の地域よりも強く大きく、悪くいうと翻弄される、そういう地なのだということです。

遠山景晋という有能な長崎奉行

最後に、長崎奉行というのは老中直轄の支配を受けます。直属の上司は老中ですので、その支配を受けるのです。その意味では幕府政治を長崎において忠実に行う、いわば代行者というのが基本的な位置づけなのです。要するに幕府政治を忠実に履行するが、他方で長崎を統治する行政官でもあるということです。この両面で、結構苦しむのが長崎奉行ということなのだろうと思います。

一例だけ挙げると、長崎奉行を務めた遠山景晋《とおやまかげみち》は日記の、一八一三年、文化十年の十月九日に、こんな事を書いています。

「この度窺《うかが》い済みの主法《しゅほう》は勿論、諸事あまり穿鑿《せんさく》過ぎ申さざるように致し、当年とくと見候て、悪しきと見さだめ候は格別、年々さまざまに主法を動かし候ては、人気《じんき》落ちつき申すまじき間、勘弁これ有るべくとの存じ寄りは申し含め候」

何を言っているかというと、要するに、上の方の老中からは、ああしろこうしろとか、いろいろ長崎の在り方とか支配の仕方について言ってきて、しょっちゅう支配の在り方を変えるというのですね。で、そうならないようにしたい、ということです。

では、どうするか。まあ現実をよく見て、悪いと思う点は改めるけれど、そう毎年毎年、支配の仕方を変えるというのはよくない、そんなことをすると、人気、長崎の住民の人気、人々の心の持ちようが落ち着かない。だから、やり方はよく考えたい、とこう言っているのです。

要するに長崎奉行というのは、外交とか軍事とか情報とか学術、そういう面で重要な長崎の支配を担っている、役務を担っている。しかし、その支配を有効に遂行するうえでは、やはり長崎の支配が安定すること、行政が安定することが非常に重要なのだということなのですね。だから、そのためには長崎の住民の人気、心の持ちようとか、そういうものが落ち着いていることが大事だと言うのです。そういうものを確保しながら、長崎奉行や奉行所の役割を果たすことが大事だと語っているわけです。

ここに、一方では幕府政治の忠実な実行者、代行者であると同時に、長崎という町を統治する行政官としての奉行、この間の微妙な揺れとどう折り合いをつけるか、というところで苦しむ奉行の姿の一面が現れると同時に、遠山景晋という人は、人々の心の持ちようが落ち着いていることが重要なのだと言う。そうしないと、役務を履行できないと考えていたらしいことが分かる。おそらく、行政官としては大変に有能な人物だったと推測できます。

大雑把でしたが、十八世紀後半からの幕府政治と長崎奉行、奉行所の関りの変遷をかいつまんでお話いたしました。■

■第二部■

長い岬の先に

─発掘から見えてくること

■第二部開始にあたって■

長い岬の先に
――発掘から見えてくること

コーディネイター・長崎大学多文化社会学部教授　野上建紀

こんにちは。長崎大学の野上と申します。第二部のコーディネーターを務めさせていただきます。

第二部のテーマですが、今回のシンポジウムのメインのテーマである「長崎の記憶をほりおこす」。文字どおり「ほりおこす」というのがテーマです。テーマもふたつの「ほりおこす」がありまして、ひとつはことばどおりに、「発掘調査をおこなって土をほりおこして歴史をほりおこす」。そのため今回は昨年度まで長崎県考古学会副会長を務められました宮崎先生に考古学についてお話をいただきたいと思います。

宮崎さんは長年長崎県の学芸文化課で発掘調査やその後の遺跡の整備にも関わられた考古学者です。私の知るかぎりでは、県内の遺跡を弥生から近世・近代まで幅広く、もっとも数多くほられた考古学者のおひとりです。そして、今回もうひとり、先ほど共同代表の片峰先生がおっしゃいましたが、現在長崎県考古学会会長の稲富さんに遺跡の意義や遺跡を守ることの意味をお話しいただく予定でしたが、やむを得ない事情により欠席されていますのでます。稲富先生のお話を楽しみにしていらっしゃると思いますが、その点はどうぞご了承ください。（注：講演原稿は後日送られてきたので掲載しています）

もうひとつの「ほりおこす」ですが、それは新たな視点の「ほりおこす」になります。この県庁跡地はともすれば岬の教会に関わるキリスト教、あるいは出島との関わりによって貿易の意味や長崎支配、そうしたことに視点がかたよる傾向があります。今回はそれだけではなく、幕末以降の近代化。そのひとつの医学史上からの県庁跡地をもう一度見つめ直すということで、増崎先生にご講演いただきます。増崎先生は長崎大学の名誉教授でいらっしゃいまして、医学者です。小島養生所の保存問題にもずいぶん心をくだかれた先生です。増崎先生には新たな視点のほりおこしということでお話しいただきたいと思っております。

それでは、さっそくですが、宮崎先生にご講演をお願いしたいと思います。■

■第二部■

万才町遺跡の発掘から見えてきたこと

前長崎県考古学会副会長　宮﨑貴夫

はじめに

ご紹介いただきました宮﨑です。本日の話の論点は三つあります。第一は、長崎市にある万才町遺跡を二十六年前に発掘したのですが、その調査成果と、発掘調査がどのようにおこなわれるのかということを見ていきたいと思います。この調査は、「記録保存調査」といって、開発を前提とした調査になります。

第二に、岬の教会について参考になると思いますので、勝山町遺跡について、ここは勝山小学校があったところになりますが、いまは桜町小学校になっているところです。そこ

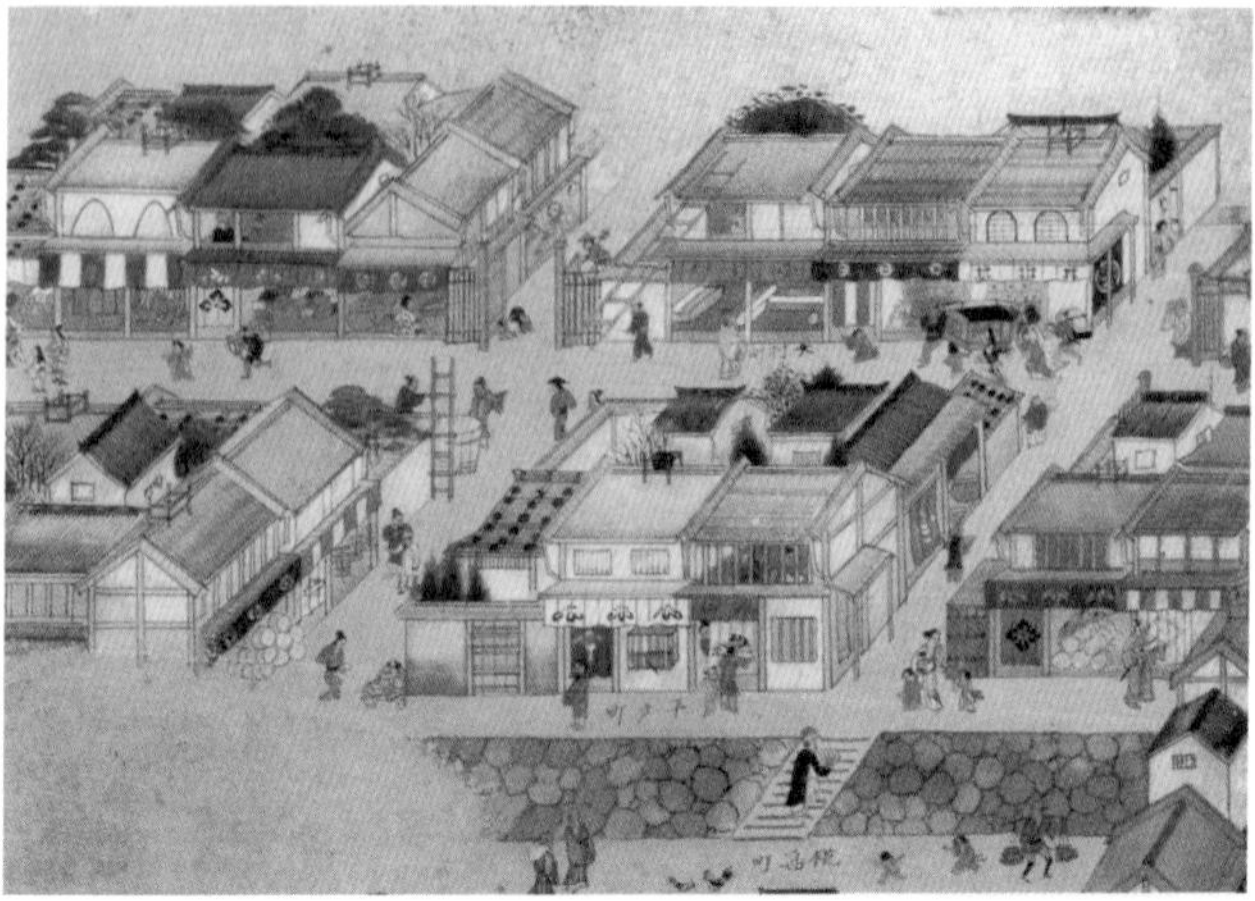

図１　大村町付近の様子（寛文長崎屏風部分・長崎歴史文化博物館所蔵）

から出てきましたサント・ドミンゴ教会跡の発掘状況について見ていきたいと思います。そして、第三に万才町遺跡の発掘を通して見えてきたことから、県庁跡地と長崎文化について考えていきたいと思います。

万才町遺跡の発掘調査

・万才町遺跡の位置

まず、万才町遺跡の位置です（図2-1、図2-2）。この図（図2-1）の赤枠で囲った部分が長崎最初の町「六町《ろっかちょう》」になります。調査地点は大村町の角地で、道をはさんで対面に、今は家庭裁判所になっていますが、砲術指南で有名な高島秋帆の居宅がありました。

図 2-1　江戸時代後期の長崎と調査地点
（『長崎県の歴史散歩』山川出版社 1989 に加筆）

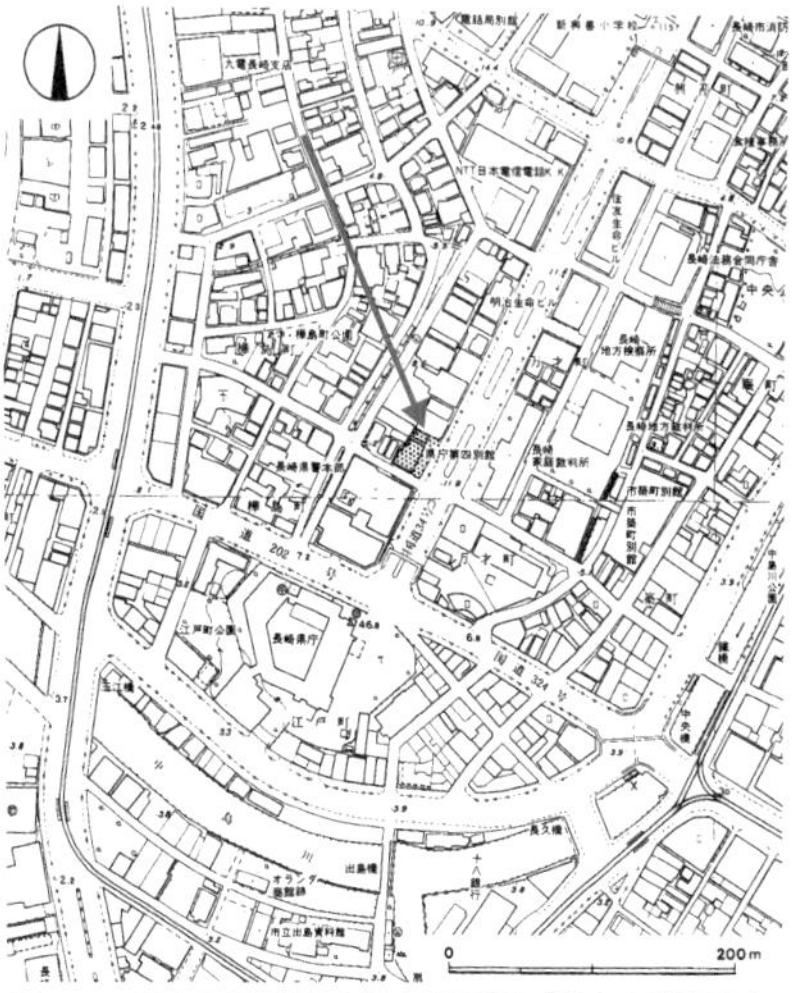

図 2-2　万才町遺跡調査地点位置図（網点矢印部分）

私は、一九七六年に長崎県教育庁文化課に入りましたが、この文化課があったところは県庁第一別館でした。県内遺跡の発掘調査で出土した遺物を整理する場所が、県立美術博物館の敷地に文化課立山分室としてありましたので、両方に机があって事務をするためにこの道（現国道三十四号線）を通っていました。県立美術博物館は立山役所、県庁は西役所ですので、考えますと立山役所から西役所に往き来している長崎地役人のようでありました。しかし、当時、立山役所とか西役所とか、そのような場所であるというような認識はまったくありませんでした。その意識を大きく変える転機となったのが、一九九三年に発掘した万才町遺跡の調査でした。

図３　旧県庁前の道路元標

万才町遺跡は、県庁第四別館があった場所で、これを県庁新別館に建て替えることで発掘をおこないました。この場所から百㍍ほど南に県庁跡地があります。旧県庁前に数十センチの角柱の道路元標というものがあります（図3）。ご存じでしょうか。私は、国道三十四号線の終点を示すものかなと思っていましたが、調べてみますと、国道三十四号・五十七号・二〇七号の終点で、国道二〇六号・三五一号・三二四号の起

図 4-1　令和最初のおくだり

点であることがわかりました。これは、旧県庁の場所が国道の出発点・終着点として集約されている要《かなめ》の場所であるということを示しています。

令和最初のくんちのお下《くだ》りがありましたので、旧県庁前の江戸町交差点のところに行ってきました。お下りはこれまで何度か見ていましたが、県庁前から御旅所の方へ神輿《みこし》が駆け下るというのを見たことがなかったので、今回はじめて見にいったのです。この写真はお下りの神幸《しんこう》行列です（図4-1）。三つの神輿が江戸町交差点でいったん止まって休憩します。その間、皆さんが神輿の下をくぐっていました。しばらくしてから、神輿が御旅所へ一挙に駆け下っていきました。

これは、「長崎諏訪神社祭礼図屏風」といって、一七九〇年から一八〇〇年ごろに描かれた屏風の一部です（図4-2）。出島、西役所、御旅所《おたびしょ》、桟敷が描かれています。そして、お下りの行列が西役所の前に入ってきています。神幸行列は、いまはメイン道路の三十四号線

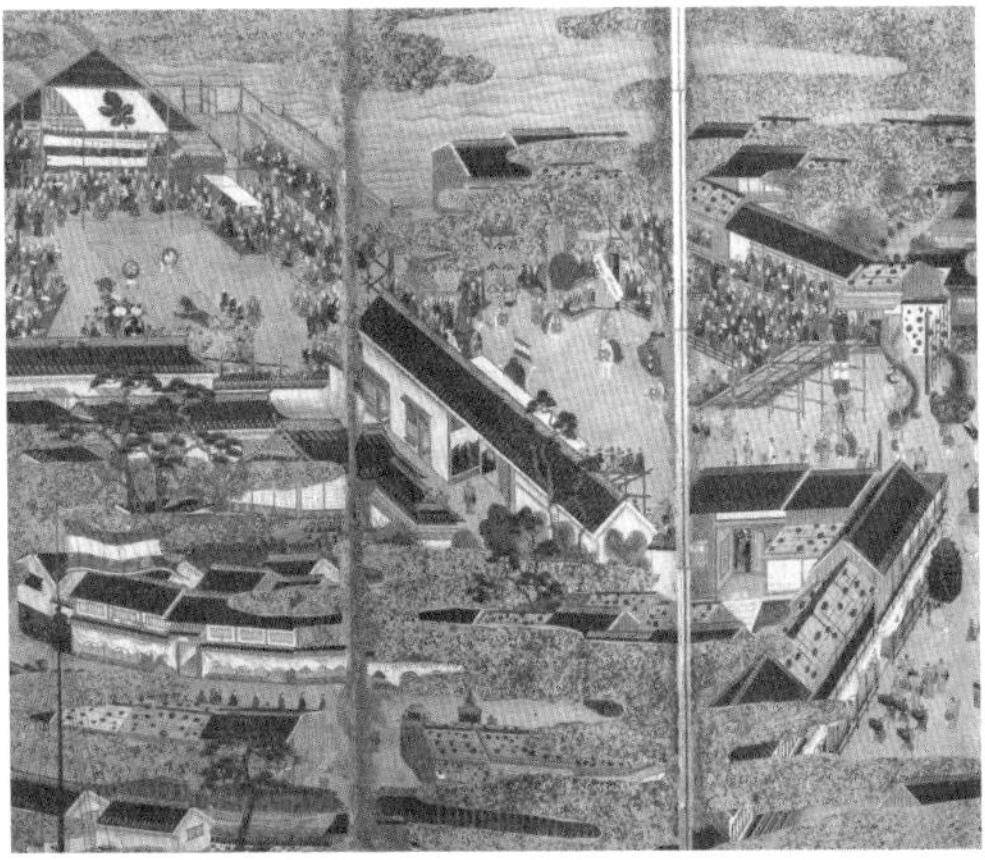

図 4-2　長崎諏訪神社祭礼図屏風・部分
（長崎歴史文化博物館所蔵）

図 5-1　旧県庁第四別館

図 5-2　県庁万才町別館

のところを通るのですが、江戸時代には地方裁判所のあるフロイス通りといわれている道を通っていたようです。くんちは一六三四年にはじまっていますが、メイン道路を通るのを妨害されるということがあって、この道を通るようになったと原田博二さん※が書かれています。屏風絵の桟敷のあるところは外浦町《ほかうらまち》になりますが、この場所にはサン・ペドロ教会があったと推定されています。その上に、桟敷が設けられています。

・万才町遺跡の歴史

つぎに、万才町遺跡の歴史を見ていきます。このビルが県庁新別館で、県庁の移転に伴っていまは県庁万才町別館になっています（図5－1、5－2）。さかのぼっていくと、一九四九年に県庁第四別館が建てられ、もとは国の施設だったものが長崎県に払い下げられたものです。その前には、

※原田博二さん：長崎史談会会長。元長崎市職員、市立博物館長を歴任

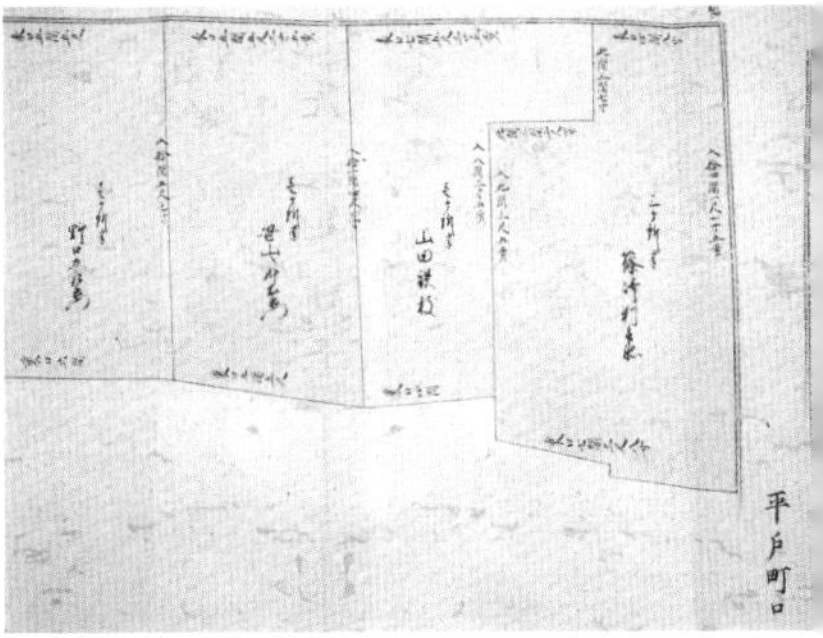

図5-3　「大村町絵図」（長崎歴史文化博物館所蔵）

図6-2　万才町遺跡土層写真

一九四二年に言論統制で長崎新聞社等がいっしょになった長崎日報社の建物がありましたが、一九四五年の原爆で破壊されています。さかのぼると、大正八年（一九一九）には喜久屋商会という貿易商社があり、明治二十年代（一八八七―一八九六）には松尾又造という人が住んでいたことがわかっています。また、十八世紀の初め頃には「大村町絵図」（図5-3）に篠崎利兵衛、山田鉄枝、笹山八郎衛門という名前が記されていますので、居住していたことがわかります。これが、遺跡調査の前後にわかっていたことです。万才町遺跡の報告書作成後になりますが、篠崎利兵衛という人物が「反物《たんもの》目利き《めきき》」という長崎地役人であったことがわかりました。

・都市遺跡のケーキモデル

つぎに、近世の都市遺跡というものについて見ていきます。江戸考古学者の古泉弘さんがおもしろい図面を描いています（図6-1）。「江戸・東京のケーキモデル」とでもいうものです。都心

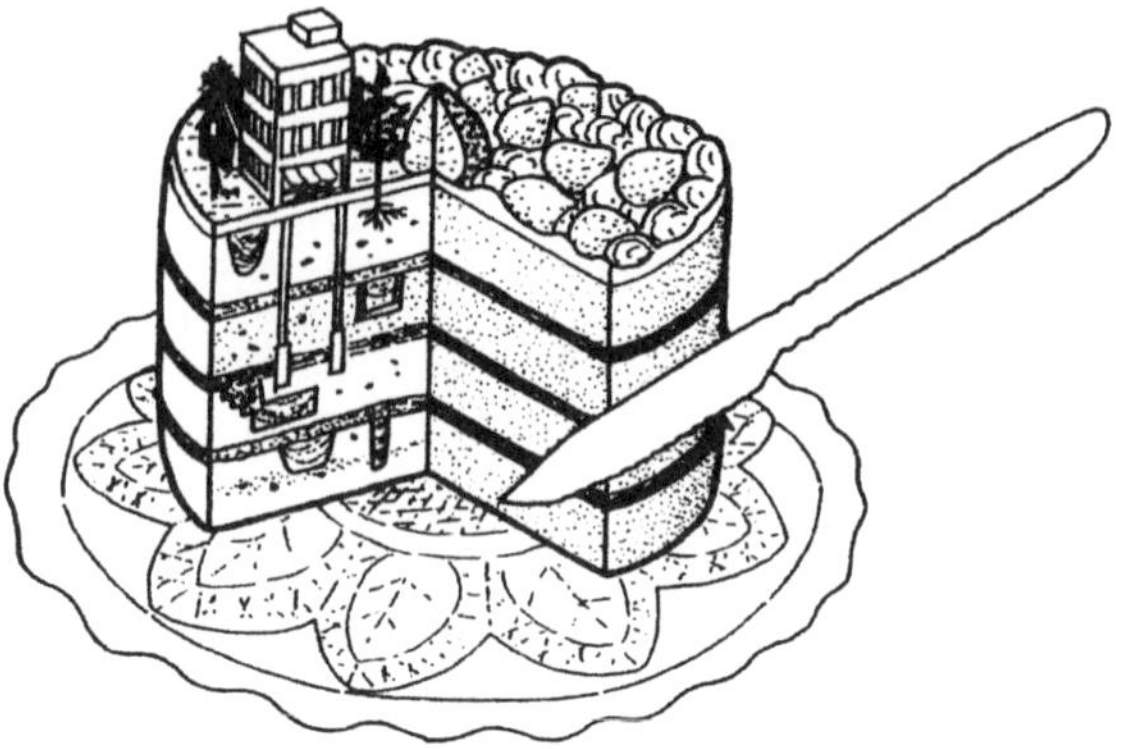

図6-1　江戸・東京のケーキモデル（古泉弘『江戸の穴』柏書房 1990）

に住んでいる人たちの足下には、江戸・東京の四百年の堆積層があるということで、ケーキを切るとスポンジとクリームが何層も重ねられたケーキのようになっている。そして、考古学者がケーキを食べるときは上から一枚一枚層をめくるように食べる。新しい上のほうから順に下の古い層に向かって食べていく。もちろん、「食べる」ということは、「発掘をする」ということですが、発掘のやり方について述べています。

この写真（図6-2）は、一九九三年に発掘した万才町遺跡の表土層から下の土層です。この面の上に表土層がのっていました。下に赤く見える土層が寛文三年（一六六三）の火事の層で、上にある赤い土層が天保九年（一七三八）の火事の層です。この写真では二枚の火災層を確認することができます。

古泉さんに習って、万才町遺跡の「ショートケーキ・モデル」というものをつくってみました（図7）。江戸時代の都市は頻繁に火事に見舞われます。罹災すると整地して、新たに再建するというサイクルを繰り返していきます。それで、基底からどんどんかさ上げされていきます。万才町遺跡では、数回の火災と一九四五年の原爆にあっています。そこで、一五七一年の整地面から一・五メートルほど高くなっています。上の図は基本的な土層図ですが、実際には火事で生じた廃棄物を掘った穴に埋めるというやり方をしていますので、下の図のように土層は、ずたずたに切られています。それで、発掘しますと、現場は穴だらけという状況になっています。

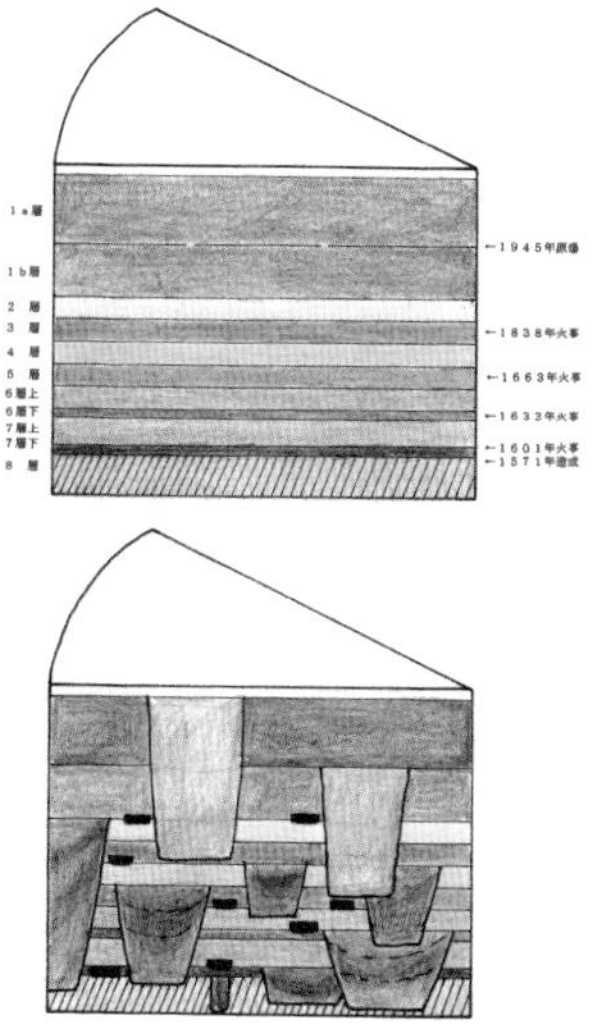

図7　万才町遺跡のショートケーキモデル

・万才町遺跡の調査状況

つぎは万才町遺跡の調査の写真です（図8-1、8-2）。一九九二年には、遺構の有無の確認、遺構が残っているかどのくらいの深さがあるのかを調べる試掘調査をおこないました。そして、一九九三年に全面的な「記録保存調査」をおこないました。

最初の表土層は、重機を入れて掘り、排土はトラックで排出します。二層面から人力で掘り下げていきます。ベルトコンベア等も入れて掘り下げ、土置き場がないのでトラックで排出するというやり方で層ごとに掘り下げていきます。

これが第一面と第二面の発掘状況です（図9-1、図9-2、図9-3）。ここに見えているコンクリートは、喜久屋商会と長崎日報社の基礎です。これを一面一面ごとに全域を二十分

図8-1　試掘調査

図8-2　発掘風景

図 10-2　発掘状況（第３～第４面）

図 9-1　発掘状況（第１～第２面）

図 10-3　第３面の状況

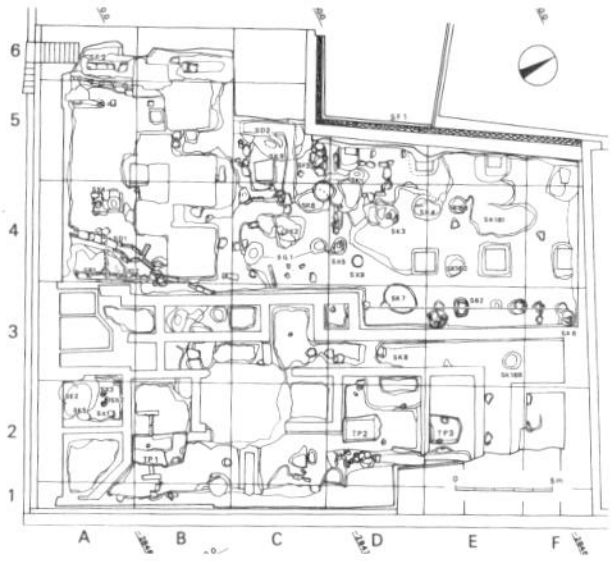

図 9-2　第１面の状況

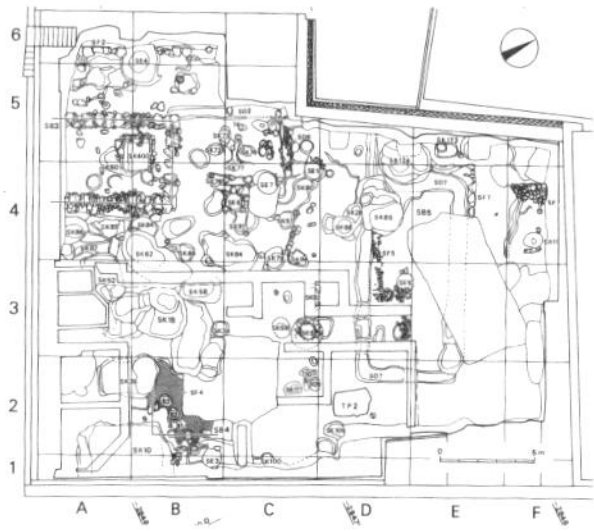

図 10-4　第４面の状況

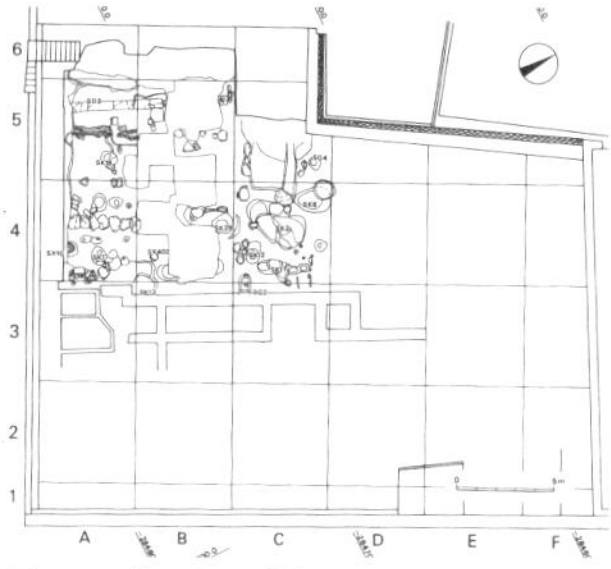

図 9-3　第２面の状況

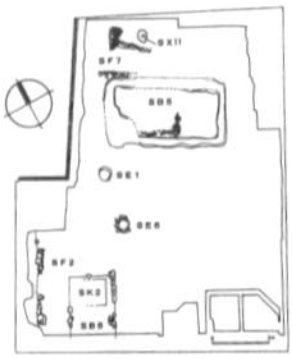

図 13-1
第 2 期の遺構

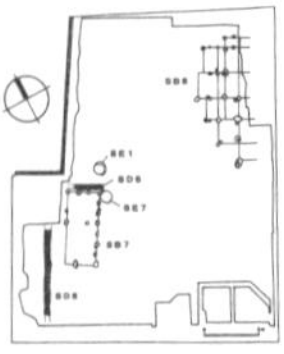

図 12-1
第 1 期の遺構

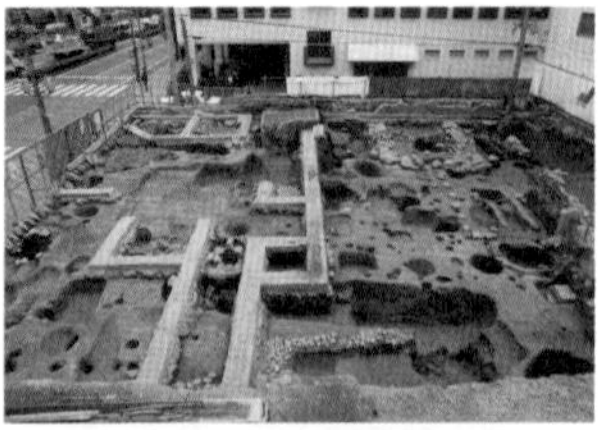

図 11-1　発掘状況（第 5 面）

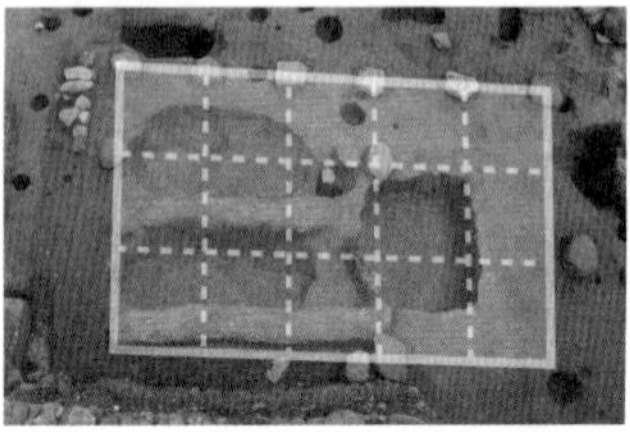

図 12-2　礎石板蔵跡（川口洋平『世界航跡へ誘う港市長崎・平戸』新泉社 2007）

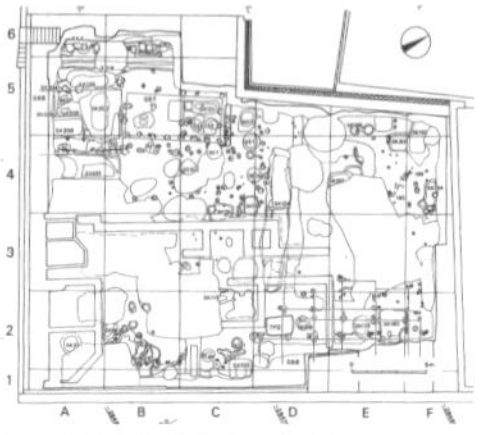

図 11-2　第 5 面の状況

の一の図面で記録していきます。記録して、掘り下げ、そして記録する、これを繰り返して掘り下げていきます。これが第三面・第四面です（図10-2、図10-3、図10-4）。同じように記録して、掘り下げていきます。

　これがいちばん下の第五面です（図11-1、図11-2）。地表から一メートル五十センチほど下がった面になります。

　以上の記録した図面から、時代ごとに建物の遺構を整理して、変遷などを調べます。

・遺構の変遷

　第一期（一五七一〜一六〇一）の長崎最初の遺構です（図12-1、図12-2）。慶長六年（一六〇一）の火事で埋められた遺構です。

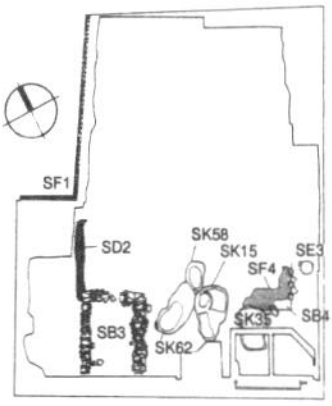

図14-1
第3期の遺構

図14-2　土蔵跡

四十センチほどの礎石を並べた建物で、板蔵（図12-2）であると推定されます。地面に柱穴を掘った掘立柱建物もあります。この掘立柱建物は、近世的な建物というよりも鎌倉・室町時代の中世の建物の系統を引いたもので、戦国時代末期の様相をもっています。

　第二期（一六〇一～一六三三）の遺構で、板蔵の倉庫と布掘り基礎をもつ土蔵があります（図13-1）。寛永十年（一六三三）の火事で埋められた建物です。板蔵には地下室が設けられていますが、火事の後に壊されています。土蔵も火事に遭い廃棄された土坑のなかから花十字紋瓦が出土しています。これは一六〇一年に再建された岬の教会で使われた瓦で、一六一四年の岬の教会破壊の後に、住人がもってきて聖遺物のようなかたちでたいせつに扱っていたものと思われます。

　第三期（一六三三～一六六三）の遺構です（図14-1、図14-2）。以前の板蔵は土蔵（図14-2）につくり替えられています。そして、礎石建物もあったのですが、寛文三年（一六六三）の大火で焼き落ち、大きな穴を掘って廃棄物が埋められています。

図 15-1　中国製青花磁器皿

第四期からまだ遺構の変遷は続くのですが、時間の関係で遺構の説明はここまでとします。

・出土した遺物

つぎに、出土した遺物を見ていきます。これは、中国景徳鎮民窯《けいとくちんみんよう》の青花《せいか》皿です（図15-1）。舶来の磁器を使っています。花十字紋瓦です（図15-2）。内側に圏線が入り、花十字が切れているのが特徴です。花十字紋瓦ではいちばん古く、長崎でつくられて岬の教会で使用されていたものです。青銅製のメダイが二個出土しています（図15-3）。上のほうを結城《ゆうき》了悟《りょうご》先生に見ていただいて教えていただいたのですが、祭壇に跪《ひざまず》いて祈る聖イグナチオ・ロヨラに十字架を抱えたキリストの幻影が現れているという図柄で、所持していた住人がイエズス会のキリシタ

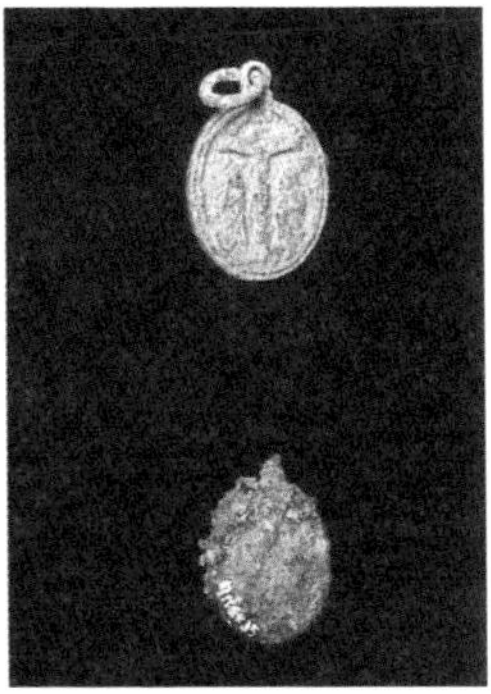

図 15-3　青銅製メダイ

図 15-2　花十字紋瓦

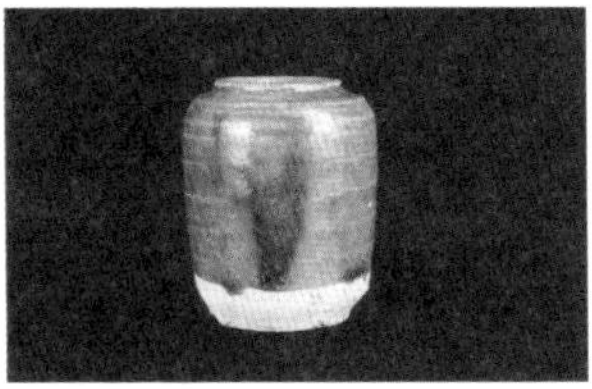

図 16-3　瀬戸美濃系茶入

図 16-1　瀬戸黒茶碗

図 16-4　織部手鉢

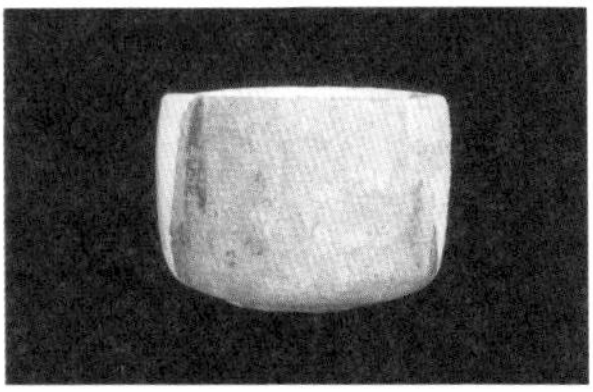

図 16-2　楽茶碗

図 18-1　オランダ製陶器大皿

図 17-1　伊万里大皿

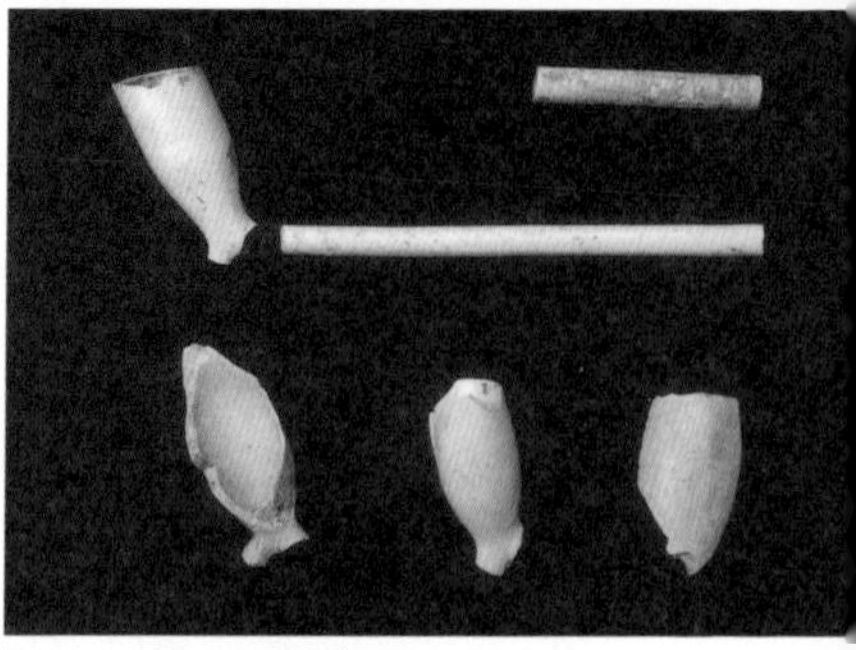

図 19-1　クレーパイプ

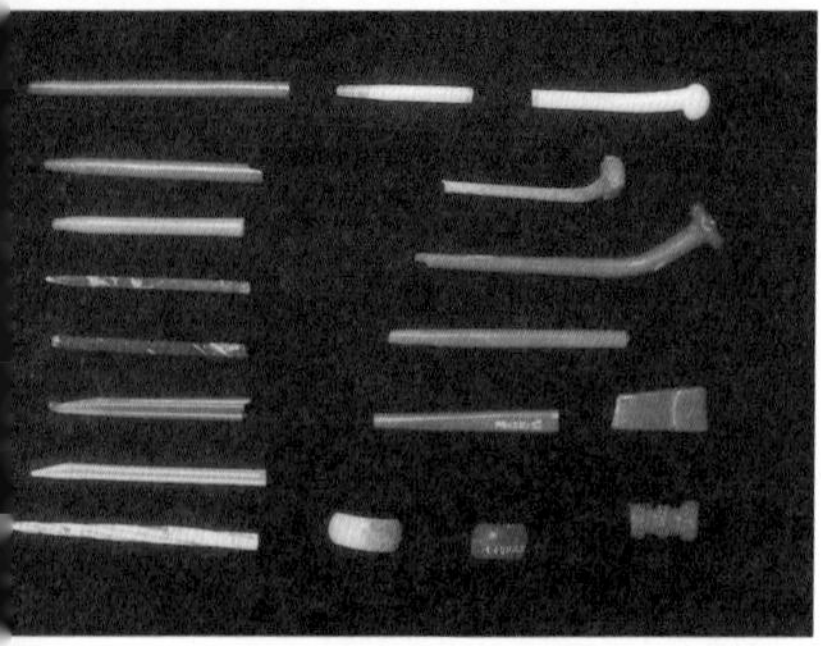

図 19-2　ガラス製かんざし・指輪

ンであったことを証明しています。

これらは茶器になります。瀬戸《せと》黒《ぐろ》茶碗（図16-1）、楽茶碗（図16-2）、瀬戸美濃系茶入（図16-3）、織部手鉢（図16-4）です。住人は、茶の湯を楽しむ豊かな町人であったことを示しています。これは、伊万里の高級磁器、口径四十センチある大きな皿で、有田の長吉谷《ちょうきちだに》窯で焼かれたものです（図17-1）。これは、オランダのプリント陶器皿です（図18-1）。大きさが四十五センチもある大皿です。出島でも出土していて、「出島の青い薔薇《ばら》」と呼ばれています。

これは、オランダ製のクレーパイプです（図19-1）。それと、ガラスかんざし・指輪（図19-2）が出土していて、かんざしはこの遺跡にいたガラス細工職人がつくったようです。時代はさかのぼりますが、ガラス工房跡も出ています。

これは、色絵磁器です（図20-1、図20-2）。一八四一年に有田の久富蔵春亭《ひさとみぞうしゅんてい》という貿易商社が長崎に支店を出し、西欧に向けて海外輸出をしていたところが遺跡の場所であり、色絵磁器と「久冨」

図 20-1　色絵磁器台付皿・壺

図 20-2　色絵磁器皿・鉢

図 20-3　「久冨」銘大徳利

（図20–3）と書かれた大徳利が出土したことで、ここに久富蔵春亭があったことが証明されました。

・万才町遺跡の調査成果

万才町遺跡の調査成果について四つにまとめてみました。

第一の成果は、一五七一年に大村純忠が長崎町建てをおこなった大村町の整地面と礎石建物などの遺構が検出されたこと。調査から四半世紀たちましたが、長崎町建てに関係する建物跡は確認されていません。

第二に、長崎の町を焼きつくした寛文三年の火事など、数枚の火災層が確認され、四百年にわたる遺構の変遷が組み立てられたことです。

第三に、一八三八年の火事の後、一八四一年に有田の貿易商社久富蔵春亭がこの場所（大村町二番戸）に開店していたことが証明されたことです。

第四に、花十字紋瓦やメダイなどのキリシタン遺物、中国・東南アジア・ヨーロッパとの交流を示す陶磁器・クレーパイプなど出土した遺物は、長崎のもっていた国際性と町人の豊かな暮らしを物語っています。

勝山町遺跡の調査成果

つぎに、県庁跡地の調査で、岬の教会について参考となる勝山町遺跡の調査成果を見ていきます。もともと勝山小学校があったのですが、桜町小学校の新設に伴って、二〇〇一年と二〇〇二年に「記録保存調査」がおこなわれました。校舎の建設される部分の調査がおこなわれ、サント・ドミンゴ教会（一六〇九〜一六一四年）の遺構が出てきました。敷石、石組地下室、排水溝、土坑等と、一六一四年の教会破壊に伴う瓦溜《かわらだま》りが出て、八十五点の花十字瓦、メダイ・クルス等のキリシタン遺物も出土しています。日本布教の初期教会

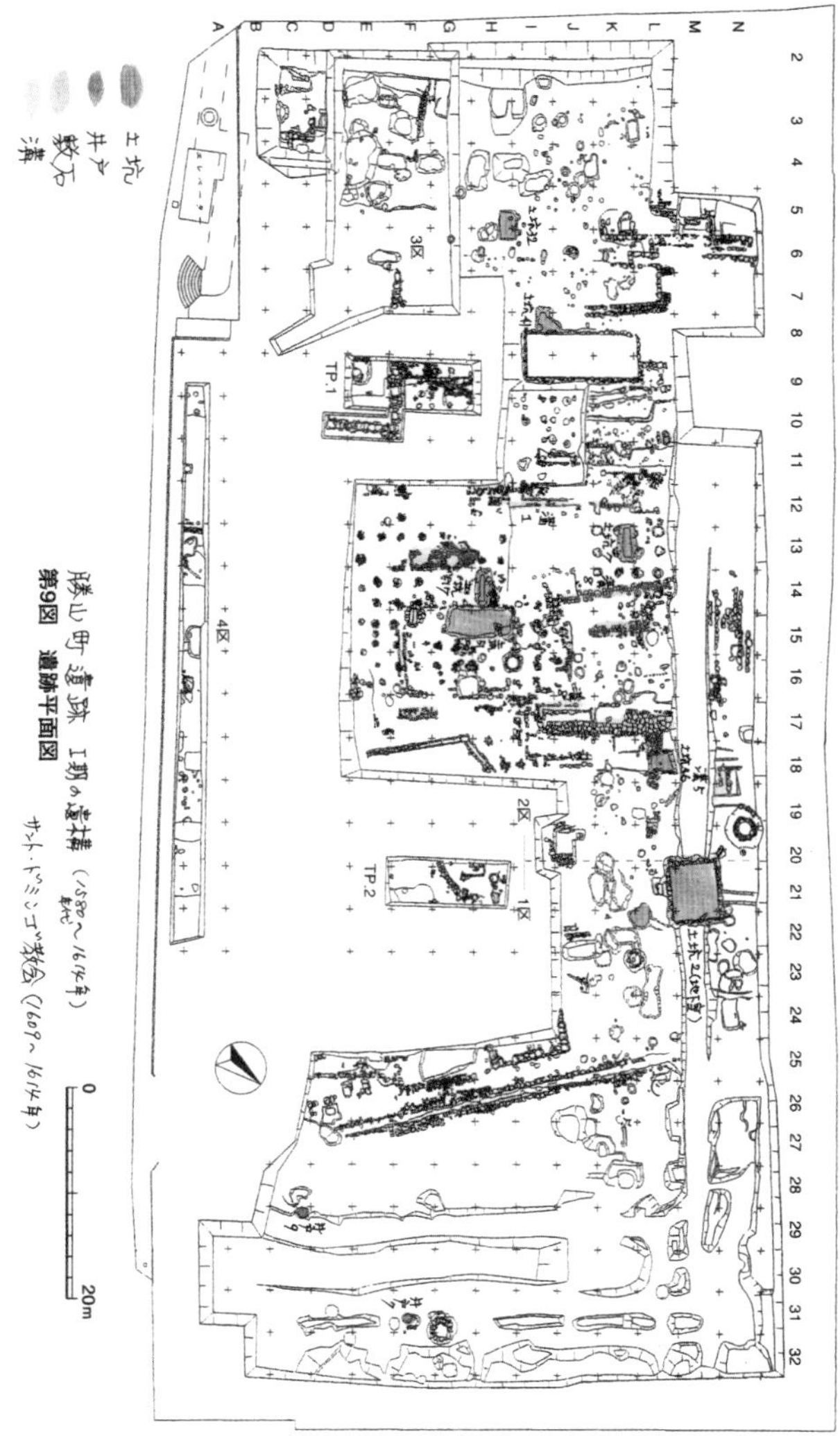

図22　勝山町遺跡の教会期の遺構（『勝山町遺跡』長崎市教育委員会 2003）

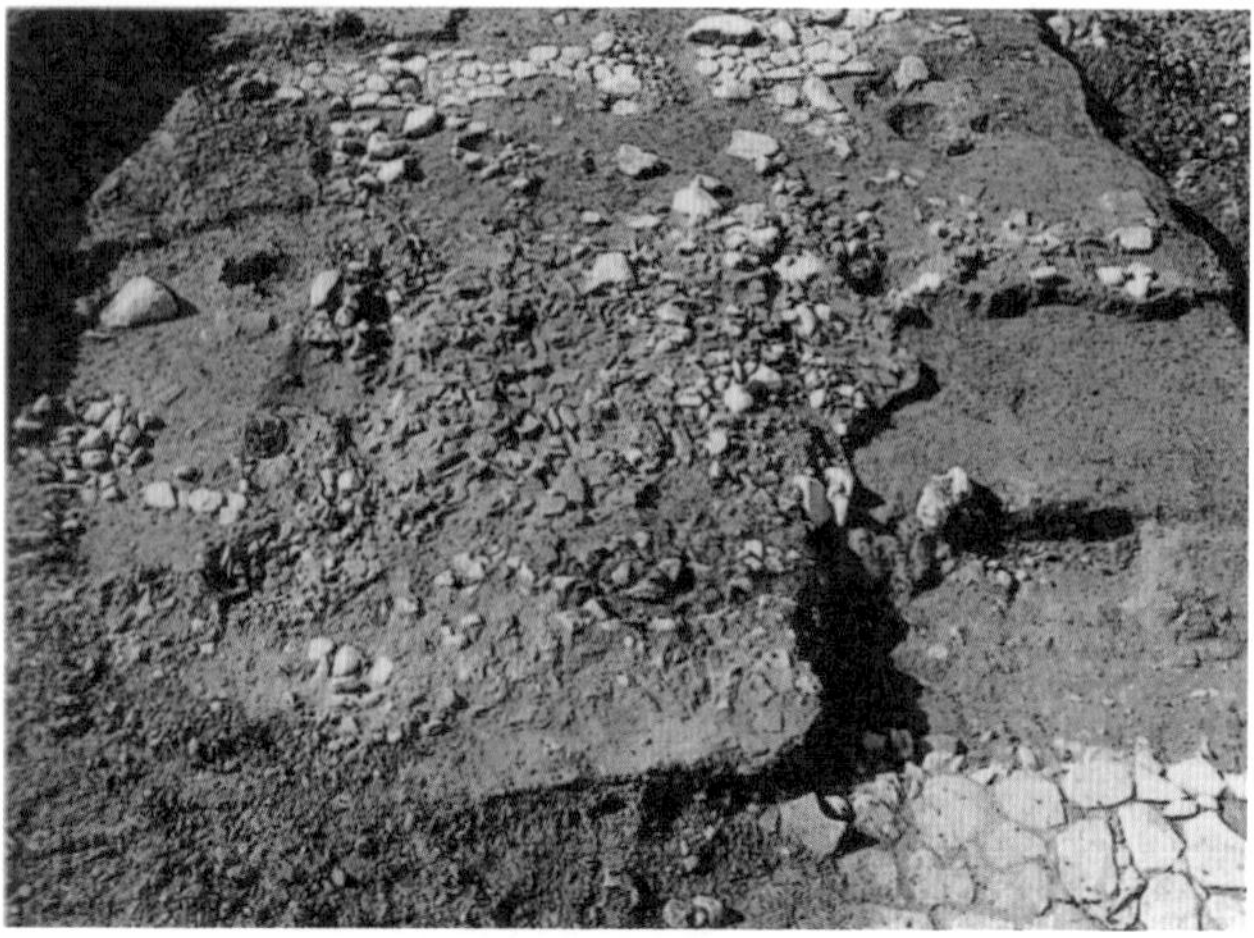
図 23-1　1614 年教会堂破壊状況（『勝山町遺跡』2003）

遺構が検出されたということで、文化庁が入って、協議をおこないました。そして、遺構が現状で保存され、サント・ドミンゴ教会跡資料館として開館しています。

図で色をつけたところが教会期の遺構です（図22）。これは教会期の遺構写真です。教会を焼いた後に瓦が敷石などの上に積み重なっているような瓦溜りが出ています（図23－1）。一六一四年に教会堂が破壊されたときの状況を示す非常に貴重な遺構です。遺物は、花十字紋瓦、メダイ・クルス、中国・国産の陶磁器類、ガラス製品、ヨーロッパの陶器など、いろいろなものが出土しています（図24－2）。

これは、サント・ドミンゴ教会跡資料館で

メダイ　　　クルス

花十字紋瓦

Ⅰ・Ⅱ期陶磁器

Ⅳ期陶磁器

長崎・亀山焼

鍋島藩窯製品

ヨーロッパ陶磁器

ガラス製品

図 24-2　勝山町遺跡出土遺物（『勝山町遺跡』2003）

す（図25-1、図25-2、図25-3）。校舎の一階部分が資料館になっています。市内から出土した花十字紋瓦も展示しており、万才町の花十字紋瓦もここに展示されています。

図 25-1　サント・ドミンゴ教会跡資料館（正面）

図 25-2　資料館の内部

図 25-3　市内出土の花十字紋瓦

表「岬の教会と奉行所の変遷」

「岬の教会と奉行所の変遷」という表をつくっています（図26）。年表も資料につけていま

岬の教会と奉行所の変遷　　2019.11.17

変　遷	年代（西暦）	岬の教会と奉行所（西役所）などの変遷
教会１期 1571年～ 1579年	1571	岬の波止場の傍らに小さな聖堂を建てる（サン・パウロ教会）
	1579	長崎に司祭館を有し、司祭２名と修道士１名が駐在
教会２期 1580年～ 1592年	1580	長崎がイエズス会領となる。司祭館に司祭２名と修道士２名および下地方の上長が滞在。美しい教会を建てはじめる
	1581	修道院に司祭３名、修道士１名が駐在し、さらに修道士３名が追加される
	1585	司祭４名と修道士２名が駐在。教会は二、三度増築したが、さらに大きい教会を建てることにする
	1588	非常に大きくすばらしい教会を建てる。修道院を併設
	1592	被昇天の聖母教会と修道院が破壊され、材木は名護屋に運ばれる
教会３期 1593年～ 1599年	1593	教会と修道院を再建
	1598	岬の教会に、学院・神学校と印刷所が移される
	1599	副管区長と巡察師が駐在する修道院（イエズス会本部）に30人の聖職者が居住し、90人の少年がいる神学校を併設
教会４期 1601年 ～ 1614年	1601	非常に大きく壮麗な教会が完成。日本最大の修道院を有し、附属する司教館に54名の聖職者が住み、全管区を掌握する副管区長と巡察師が駐在 三層（４階建）の教会・修道院・学院・神学校・カーザ（生糸倉庫）・印刷所など
		「南蛮屏風　内膳本」神戸市立博物館蔵 「南蛮渡来風俗図屏風」逸翁美術館蔵
	1614	被昇天の聖母教会が破壊・焼却される（→火災層Ⅰ）
会所期 1614年 ～ 1633年	1614	外浦町に糸割符宿老会所を設置。カーザを糸割符仲間が占拠［安野眞幸説］
	1630年代	「寛永長崎港図」長崎歴史文化博物館蔵
	1633	寛永10年の火事／糸割符会所類焼（→火災層Ⅱ）
奉行所１期 1635年 ～ 1663年	1635	本博多町から奉行所を移転（二つの屋敷をもつ奉行所）
	1641－1647頃	「長崎港古図」内閣文庫蔵（二つの奉行屋敷）
	1663	寛文３年の大火／二つの奉行所屋敷共に類焼（→火災層Ⅲ）
奉行所２期 1669年～ 1673年	1669	高木作右衛門屋敷（後の船番屋敷）に東屋敷を建て、1668年に石垣を横幅６間突出し、1669年に西屋敷長屋を建てる
	1663－1673頃	「承応３年之夏黒舟長崎へ入津に付諸大名相詰候絵図」国立国会図書館蔵
西役所１期 1673年～ 1678年	1673	西屋敷が西御役所となる。東屋敷は立山役所としてへ移転
	1673頃	「寛文長崎屏風」長崎歴史文化博物館蔵（檜皮葺・瓦葺・板葺屋根か）
	1678	延宝６年の火事／西役所が類焼（→火災層Ⅳ）
西役所２期 1679年～ 1698年	1679	西役所修復
	1680頃	「絡屋屏風」神戸市博物館蔵（檜皮葺・瓦葺・板葺屋根か）
	1698	西役所屋敷内より出火焼失（→火災層Ⅴ）
西役所３期 1700年頃～ 1718年	1700前後？	西役所を再建
	1706頃	「西屋舗絵図　神戸図」神戸市博物館蔵（東側に長屋）
西役所４期 1718年～ 1744年	1718	西役所の老朽化のために、全面的に改築
西役所５期 1744年～ 1780年代	1744	西役所と立山役所を瓦葺に改める（建物を全て瓦葺へ／防火対策）
	1760頃	「西役所図大成図」『長崎実録大成』（東側に東長屋）
	1790－1800頃	「長崎諏訪神社祭礼図屏風」長崎歴史博物館蔵
西役所６期 1780年代～ 1807年	1807	石垣上長屋が備場になる 「西役所　崎陽図」内閣文庫蔵（東側に馬見所・射術稽古場）
西役所７期 1808年～ 1850年代	1808	石垣上御長屋が石火矢（大砲）を擁した備場となる 「御備一件・諸絵図」内閣文庫蔵
	1825	「長崎の湊と町」ハーグ国立中央文書館蔵（瓦葺屋根）
西役所８期 1855年～ 1873年	1855	西役所に海軍伝習所を設ける 「幕府長崎海軍伝習所の図」東京同和病院蔵（瓦葺屋根）
	1857	西役所に語学伝習所を設ける
	1862	「肥前崎陽玉浦風景図」錦絵　藤岡屋慶治郎（瓦葺屋根）
	1873	西役所が解体される

図 26　岬の教会と奉行所の変遷

すが、これは考古学的な視点で遺構の変遷を整理したものです。発掘で出てきた遺構がいつの段階のものか推定するための「歴史の地層（歴史の記憶）」といえるものです。この表を逆にして見ると、上から下に向かって時間をさかのぼっていくことになり、発掘をおこなうと最終的に教会の遺構に行き着くということになります。

表「時空間から見た長崎の町の変遷モデル」

つぎは、「時空間から見た長崎の町の変遷モデル」という表です（図27）。県庁跡地を軸として、長崎の町の変遷を時系列的に空間的な配置で整理したものです。川口洋平さん※の長崎旧町と拠点施設を「長崎遺跡群」としてとらえる考えにヒントを受け、港湾・拠点・町屋が貿易都市長崎を構成しているキーワード・要素になると考えたものです。この表全体を説明しますと長くなりますので、かいつまんで説明します。一六三三年の火事で、本博多町にあった奉行所が焼けます。それが転換点となって、奉行所を県庁跡地の場所に移します。その後、出島、唐人屋敷をつくって鎖国政策をどんどん進めていくのが、空間的な配置の状況でよくわかります。これを見ていくと、県庁跡地の場所というのが、拠点であり続けているということがわかっていただけると思います。

※川口洋平さん：長崎県職員。近世の長崎の海域考古学に詳しい。

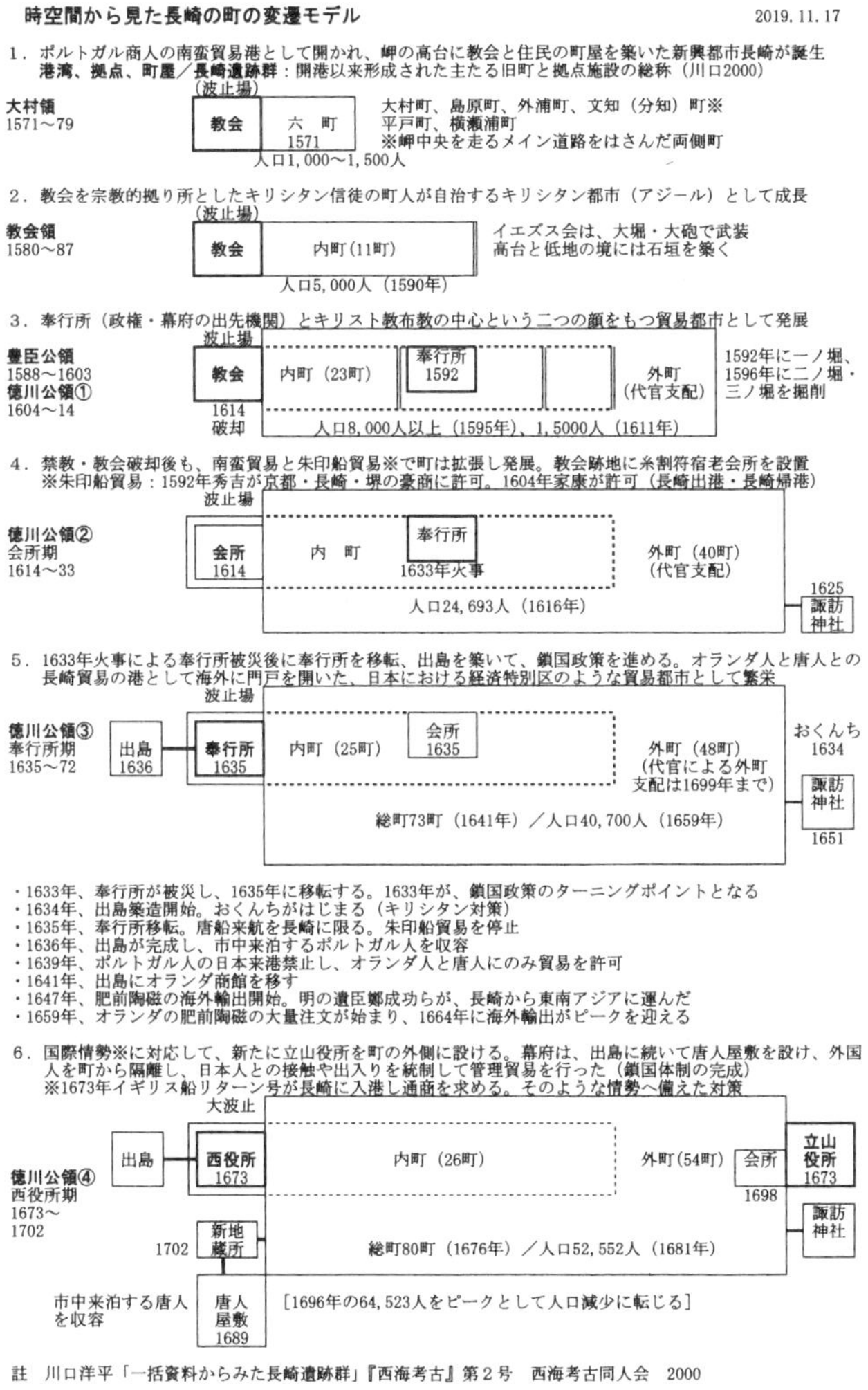
時空間から見た長崎の町の変遷モデル
2019.11.17
1．ポルトガル商人の南蛮貿易港として開かれ、岬の高台に教会と住民の町屋を築いた新興都市長崎が誕生
港湾、拠点、町屋／長崎遺跡群：開港以来形成された主たる旧町と拠点施設の総称（川口2000）
(波止場)
大村領
1571〜79
教会
六　町
1571
人口1,000〜1,500人
大村町、島原町、外浦町、文知（分知）町※
平戸町、横瀬浦町
※岬中央を走るメイン道路をはさんだ両側町
2．教会を宗教的拠り所としたキリシタン信徒の町人が自治するキリシタン都市（アジール）として成長
(波止場)
教会領
1580〜87
教会
内町（11町）
人口5,000人（1590年）
イエズス会は、大堀・大砲で武装
高台と低地の境には石垣を築く
3．奉行所（政権・幕府の出先機関）とキリスト教布教の中心という二つの顔をもつ貿易都市として発展
波止場
豊臣公領
1588〜1603
徳川公領①
1604〜14
教会
1614
破却
内町（23町）
奉行所
1592
外町
(代官支配)
人口8,000人以上（1595年）、1,5000人（1611年）
1592年に一ノ堀、
1596年に二ノ堀・
三ノ堀を掘削
4．禁教・教会破却後も、南蛮貿易と朱印船貿易※で町は拡張し発展。教会跡地に糸割符宿老会所を設置
※朱印船貿易：1592年秀吉が京都・長崎・堺の豪商に許可。1604年家康が許可（長崎出港・長崎帰港）
波止場
徳川公領②
会所期
1614〜33
会所
1614
内　町
奉行所
1633年火事
外町（40町）
(代官支配)
人口24,693人（1616年）
1625
諏訪
神社
5．1633年火事による奉行所被災後に奉行所を移転、出島を築いて、鎖国政策を進める。オランダ人と唐人との長崎貿易の港として海外に門戸を開いた、日本における経済特別区のような貿易都市として繁栄
波止場
徳川公領③
奉行所期
1635〜72
出島
1636
奉行所
1635
内町（25町）
会所
1635
外町（48町）
(代官による外町
支配は1699年まで)
総町73町（1641年）／人口40,700人（1659年）
おくんち
1634
諏訪
神社
1651
・1633年、奉行所が被災し、1635年に移転する。1633年が、鎖国政策のターニングポイントとなる
・1634年、出島築造開始。おくんちがはじまる（キリシタン対策）
・1635年、奉行所移転。唐船来航を長崎に限る。朱印船貿易を停止
・1636年、出島が完成し、市中来泊するポルトガル人を収容
・1639年、ポルトガル人の日本来港禁止し、オランダ人と唐人にのみ貿易を許可
・1641年、出島にオランダ商館を移す
・1647年、肥前陶磁の海外輸出開始。明の遺臣鄭成功らが、長崎から東南アジアに運んだ
・1659年、オランダの肥前陶磁の大量注文が始まり、1664年に海外輸出がピークを迎える
6．国際情勢※に対応して、新たに立山役所を町の外側に設ける。幕府は、出島に続いて唐人屋敷を設け、外国人を町から隔離し、日本人との接触や出入りを統制して管理貿易を行った（鎖国体制の完成）
※1673年イギリス船リターン号が長崎に入港し通商を求める。そのような情勢へ備えた対策
大波止
徳川公領④
西役所期
1673〜
1702
出島
西役所
1673
内町（26町）
外町(54町)
会所
1698
立山
役所
1673
諏訪
神社
1702
新地
蔵所
総町80町（1676年）／人口52,552人（1681年）
市中来泊する唐人
を収容
唐人
屋敷
1689
[1696年の64,523人をピークとして人口減少に転じる]
註　川口洋平「一括資料からみた長崎遺跡群」『西海考古』第2号　西海考古同人会　2000

図27　時空間から見た長崎の町の変遷モデル

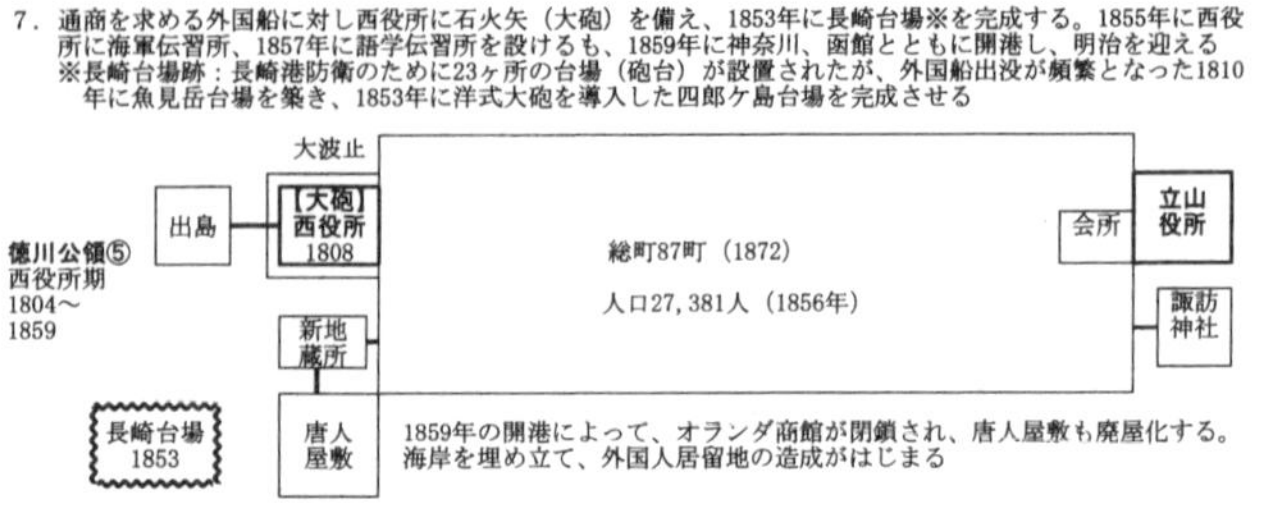
7．通商を求める外国船に対し西役所に石火矢（大砲）を備え、1853年に長崎台場※を完成する。1855年に西役所に海軍伝習所、1857年に語学伝習所を設けるも、1859年に神奈川、函館とともに開港し、明治を迎える
※長崎台場跡：長崎港防衛のために23ヶ所の台場（砲台）が設置されたが、外国船出没が頻繁となった1810年に魚見岳台場を築き、1853年に洋式大砲を導入した四郎ケ島台場を完成させる
大波止
出島
【大砲】西役所 1808
徳川公領⑤
西役所期
1804〜
1859
総町87町（1872）
人口27,381人（1856年）
会所
立山役所
諏訪神社
新地蔵所
長崎台場 1853
唐人屋敷
1859年の開港によって、オランダ商館が閉鎖され、唐人屋敷も廃屋化する。海岸を埋め立て、外国人居留地の造成がはじまる

図28　その後の長崎（開国・開港まで）

この資料には6の項目までつけていますが、長崎が「開国で開港するまで」という7の項目までつくっていました（図28）。西役所では大砲が設置され、長崎台場といいますが、四郎ケ島台場には佐賀藩が洋式大砲を導入して外国船に備えたのですが、結局は開国して、その後、オランダ商館も閉鎖され、唐人屋敷も廃屋化し、そして海岸を埋め立て外国人居留地の造成がはじまるということになります。県庁跡地の西役所は、立山役所と奉行所が二つに分かれますが、拠点であり続けました。

県庁跡地の花十字紋瓦

県庁跡地では、岬の教会が出てくるかもしれないということが期待されます。そこで、山崎信二さん※が分類されている花十字紋瓦を見ていきたいと思います（図29-4）。万才町遺跡から出土した花十字紋瓦ⅠAは一六〇一年に再建された岬の教会の瓦で、長崎でつくられたいちばん古い花十字紋瓦であるとさ

※山崎信二さん：中世・近世の瓦の研究家。元国立奈良文化財研究所副所長。

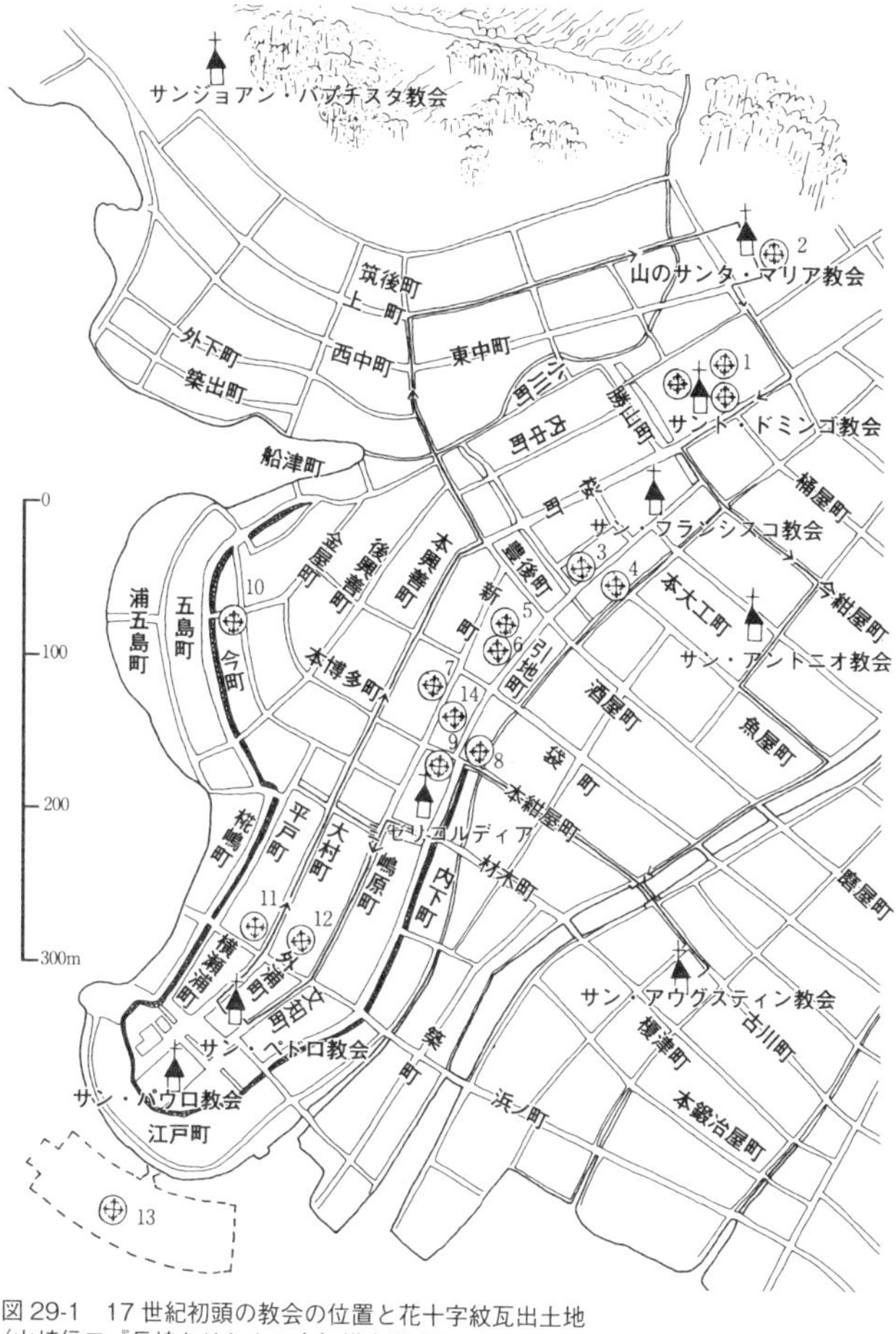

図 29-1　17 世紀初頭の教会の位置と花十字紋瓦出土地
（山崎信二『長崎キリシタン史』雄山閣 2015）

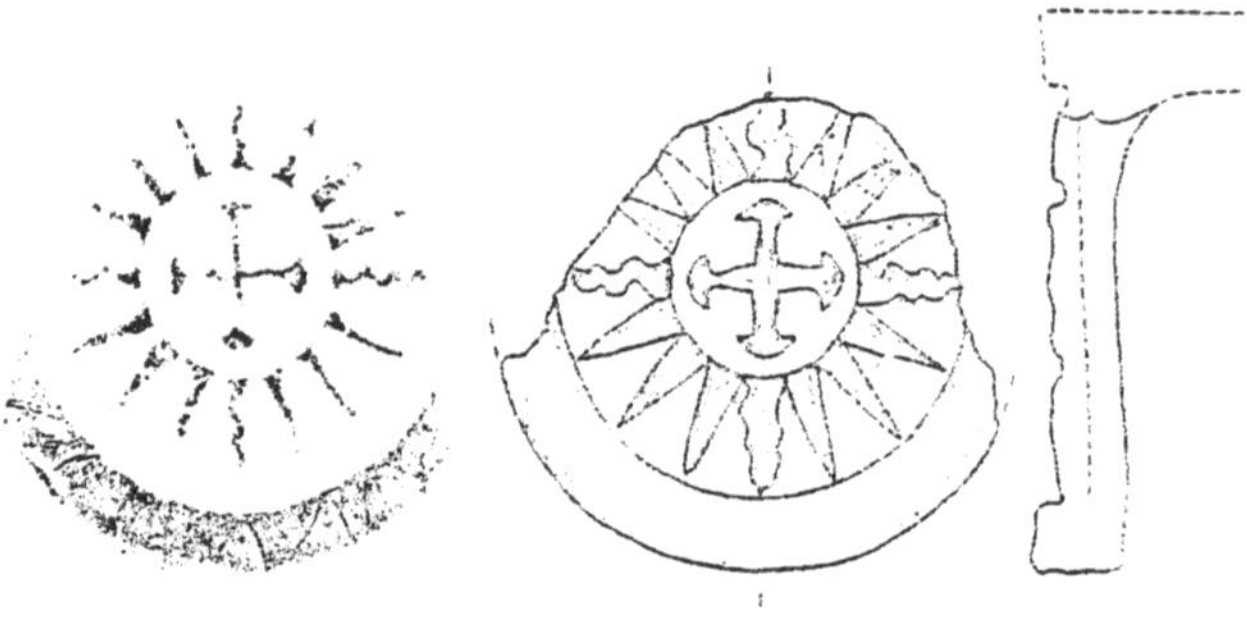

図 29-2　熊本県愛藤寺跡のクルス瓦
（川口洋平「南蛮屏風に描かれた瓦」2015）

れています。先に県庁跡地で採集された花十字紋瓦はⅡ類でということです。岬の教会北側の外浦町にあったサン・ペドロ教会は一六一一年にできて一六一四年に焼かれてしまいますが、山崎さんは花十字紋瓦をⅡDと推定されてい

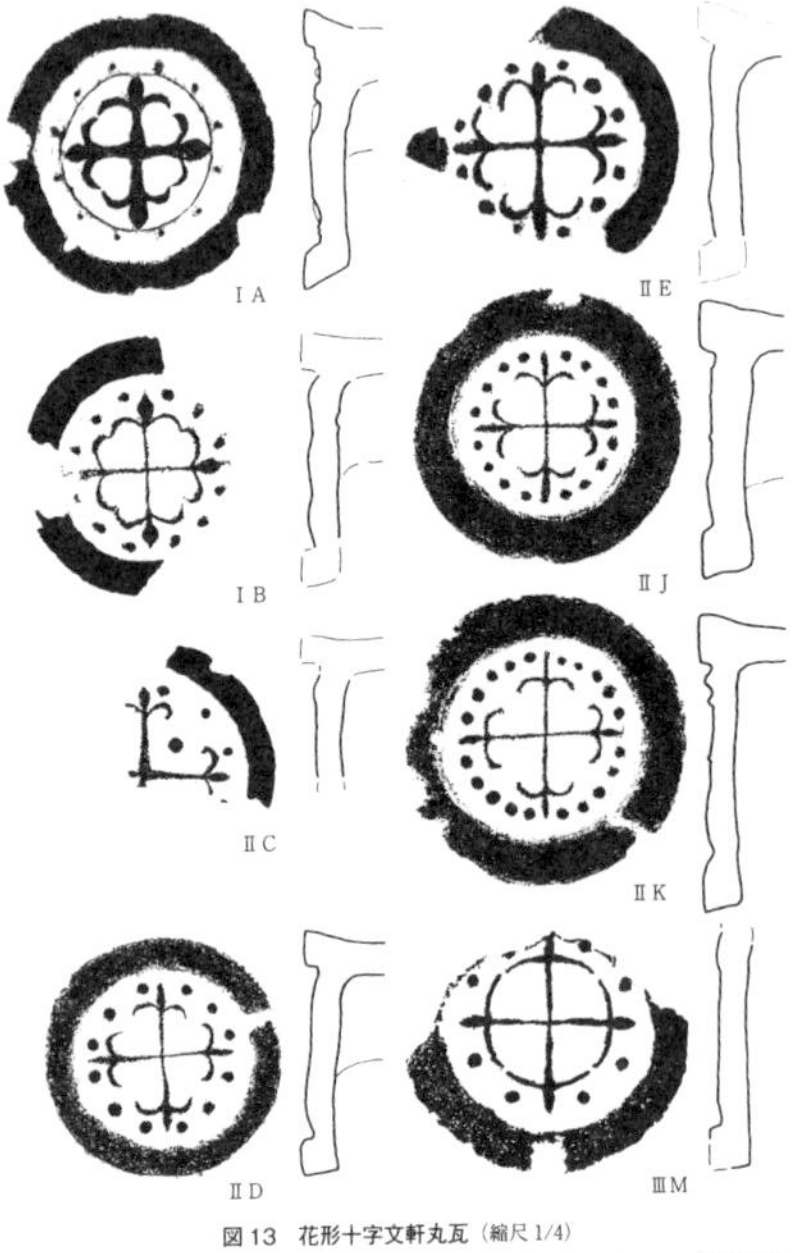

図13　花形十字文軒丸瓦（縮尺1/4）
ⅠA・ⅠB万才町遺跡、ⅡC・ⅢM興善町遺跡、ⅡD・ⅡJ・ⅡK勝山町遺跡、ⅡE金屋町遺跡

図 29-4　花十字紋瓦（山崎信二 2015）

教会関係施設 ＼ 軒丸瓦型式	I A	I B	II A	II B	II C	II D	II E	II J	II K	III M
サン・パウロ教会1571・1588・1593／1601	●	●								
サン・ペドロ教会1611						●				
ミゼリコルジア1598／1608（1620年に破壊）		●			●	●		●	●	
サンフランシスコ教会1608・1611-1614（1612年頃）						●				
サント・ドミンゴ教会1609・1610						●		●	●	
山のサンタ・マリア教会1594・1603／1605・1610								●	●	

図 29-3　教会と花十字紋瓦（山崎信二 2015 から作成）

ます（図29-3）。県庁跡地で採集された瓦は見せてもらっていませんが、サン・ペドロ教会の瓦がまぎれ込んだ可能性が考えられます。

川口洋平さんは、一五八〇年から一五九一年までの岬の教会で使われた瓦を推定しています。熊本県上益城郡山都町《かみましきぐんやまとちょう》に愛藤寺城というところがあって、キリシタン大名の小西行長が入って近世城郭に改築しています（図29-2）。そこから出土したクルス瓦があって、それを古い段階の岬の教会で使われた可能性をあげています。いずれにしても、発掘によって岬の教会に伴った瓦が出てくる可能性があります。

おわりに

結論になります。「万才町遺跡から見えてきたこと」ということですが、私の場合には「遺跡が教えてくれること」ということになります。

・立原道造を引きつけた長崎の魅力

立原道造という詩人をごぞんじでしょうか。立原道造は昭和十三年にあこがれの地、長崎を訪れて、南山手で下宿を探していたのですが、肺病でしょうか、喀血して東京に戻って、昭和十四年に二十四歳で夭折した抒情詩人です。私も学生時代に好きな詩人の一人でしたが、立原が長崎に来ていたことは知りませんでした。西日本新聞社の田代俊一郎さんが、「抒情の光芒」という連載をされて、そこではじめて知りました。立原をそれほどに引きつけた長崎の魅力は、「異国情緒」という言葉では語りつくせない。それが何なのかということが疑問であったわけです。

それが、一九九三年に万才町遺跡の調査を担当して、立山分室から県庁へ往き来していた町の足下の地下に、江戸時代の長崎が埋まっているという事実に衝撃を受けたわけです。これが立原を引きつけた長崎の魅力の源ではないかと感じていたのですが、その後、壱岐の調査事務所の勤務となって原の辻遺跡の国指定をめざすというミッションのため「保存目的調査」に専念することで、しだいに忘れていきました。

それが、県庁跡地の問題などに関わるようになって、四半世紀ぶりに万才町遺跡のことを考え、長崎のことも考えるようになって、何かわかってきたように思えます。

・「基層文化」と「表層文化」が重なりあっている「長崎文化」

居留地時代の面影を残す洋館群、大浦天主堂、出島川べりの石垣、石畳、唐寺、孔子廟。これらは、長崎の観光イメージである「異国情緒」をかもし出すといわれていますが、寺の建物の一部を除くと幕末・明治をさかのぼらない。それより古い時代の歴史は足下の地中に埋もれていることに気づきました。その埋もれている歴史の地層というものを長崎の「基層文化」とすると、私たちが地上で眺めている遺産や風景、まつり、食文化というのは長崎の「表層文化」ではないかと。「基層文化」と「表層文化」というものが重なりあって二重になっているのが「長崎文化」ではないかと考えてきたわけです。

そして、くんちの情景とかを見ていますと、江戸時代の出来事はとうに過ぎ去った過去ではなくて、私たちは過去の人たちと繋がりをもって生きているように思えてきたわけです。それが、立原を引きつけた長崎の魅力の秘密ではないかと考えるようになりました。そして、長崎の「基層文化」である発掘された出土品と地中の遺跡は、過去の人たちが残してくれた宝物であり、長崎の埋蔵金に例えることのできる潜在的な資産ではないかということです。

それは、文献史である長崎学の史料、屏風・絵図などの絵画資料と出土品などの考古資料を合わせると、ビジュアルで豊かな近世長崎の世界がよみがえってくるのではないか。長崎の近世へタイムスリップするための戦略的な資源になるのではないかと考えています。

・歴史的資産であり教育資産でもある県庁跡地

県庁跡地というのは、出島、唐人屋敷と一体となった歴史的資産であり、教科書に書かれている鎖国時代の歴史を学べる優れた教育資産であると思います。県庁跡地を起点とすると、①出島—新地—唐人屋敷と、②六町—最初の奉行所—会所跡—一ノ堀—二ノ堀—三ノ堀—長崎代官屋敷・サント・ドミンゴ教会跡—立山役所など、長崎旧町をめぐるいろいろな回遊コースの設定ができます。

もし、県庁跡地の発掘で岬の教会が発見されますと、長崎にはどれほどの経済波及効果があるのかと思います。このように資産、資源に恵まれている長崎はすばらしいところであると考えます。■

※万才町遺跡の写真・図面は、長崎県教育委員会刊行の報告書、『万才町遺跡』（一九九五）、『万才町遺跡Ⅱ』（二〇〇七）による。

■第二部■

長崎の記憶を守る
―長崎人にとっての県庁跡地問題

長崎県考古学会会長　稲富裕和

長崎の始まり

私たち長崎人にとって「海」は長崎そのものである。長崎は、この海とそこから伝わる交流によって独特の文化を生み出した。これが長崎の歴史である。

１５７０年、領主大村純忠はイエズス会との間で長崎開港協定を結び、翌年初めて南蛮船が来航した。長崎の開港を強く望んだのはポルトガル側だった。日葡交渉史の泰斗松田《まつだ》毅一《きいち》博士は、アフリカからインドそして東南アジアから中国に点在するポルトガルの拠点・植民地を現地視察し、彼らの拠点づくりに一定の法則があることに気づいた。15世紀後半、大航海の冒険に乗り出したとはいえ、当時のポルトガルは人口も少なく、したがって拠点は「点」の支配で「面」の支配ではなかった。

これがスペインとは異なることであった。スペインは人口も多く、植民地を面で支配することができた。

「点」の支配は、敵からの防御を意味する。従って拠点は海に囲まれた小島か、岬が選地された。マカオは大陸に近い小島。マラッカは岬の先端。実際現地に行ってみたが、松田博士の指摘はまったくその通りであった。

永くアラブの支配を受けていたポルトガル、スペインは、ヨーロッパ大陸から彼らを追い出すことに成功したとき、キリストはまさに彼らを解放した絶対の神であった。この高揚感を持って彼らは大海に乗り出した。当時「四隻出て二隻たどり着ければ幸い」と言われたインド航路を「霊魂と胡椒」を求めて大いなる航海にいざなった。

ポルトガル人たちは、後年「鶴の港」と呼ばれる深い海が奥深くまで続いた長崎港が、風雨と荒波にさらされることなく、また海に突き出した「岬」は敵からの防御に最適であることに気づきここを拠点化した。

「岬」の突端にはまず教会が建てられた。船から最初に見える場所、そして海を見渡すことができる場所。後に「岬の教会」と言われる建物がここに建てられるのは必然であったといえよう。

教会は数代にわたって建て直され、太閤秀吉が亡くなった後に岬に建てられた教会は、南蛮屛風にも描かれた大きな建物であった。

教会の敷地には、セミナリオ、コレジオなどの教育機関や、キリシタン版と言われる書籍を印刷した印刷所、そして宣教師たちの墓も築かれた。ヨーロッパの教会には、その床下や壁の中に高貴な人々や高位な宣教師たちの遺体が葬られている。マカオのセントポール寺院の床下に、ヴァリニャーノ神父や原マルチノも葬られた。教会は墓地でもあるのだ。

ここには宣教師セルケイラ、天正遣欧使節の首座伊東マンショ、ルイス・フロイスなども葬られたかもしれない。

1614年、徳川幕府は全国禁教令を発布。これにより教会は破壊され、布教は潜伏期を迎える。岬の先端に長崎奉行所西屋敷ができるのは寛文年間（1660年代）のことである。

考古学的に見た「長崎の岬」

史料に残る教会は、その規模を明確にしない。南蛮屏風が描かれたのは、おそらく16世紀末の文禄・慶長期以降、禁教令が発せられる1614年までと考えられるが、狩野内膳が描く南蛮屏風（神戸市立博物館蔵）には、黒い修道服のイエズス会士、鼠色の修道服のフランシスコ会士、そして町屋の店先には商品の焼き物などが繊細に描かれ、当時の長崎の繁栄が描き出される。恐らく長崎の街を実際に見て描いたものと思われる。

岬には和風の大きな教会が描か

南蛮屏風（狩野内膳筆、神戸市立博物館所蔵）

れ、屋根の上に立つ十字架が描かれている。室内の祭壇では宣教師が祈りをささげている様子が分かる。目を港に転じると、帆を下ろした南蛮船やカピタンモールと呼ばれる司令官一行。随行の南蛮人たちは、当時ポルトガルで植民地服と呼んでいた南蛮衣装に身を包んでいる。積んできた馬やトラなどの動物たち。当時の長崎の交流の様子を見事に描き出している。

では、教会の規模は。また具体的に岬のどこに建っていたかは残念ながら史料からは分からない。

そこで発掘による考古学的な調

査が必要となる。教会建物の柱を建てる場合、穴を掘ってその中に柱を立てる「掘っ立て柱」による建築か、穴を掘ってその中に石を詰め、その上に柱の土台となる礎石を置き建物を建てたか。それをはっきりさせていくのが考古学の発掘調査である。

教会が建てられた時期は、大村領あるいは天領長崎では礎石を用いた建物ではなく掘っ立て柱ではなかったかと考えるが、仏教寺院と教会建築で異なるのは、建物が横に長いか縦に長いかである。いずれにせよ、日本最大の教会並びに関連施設があったことは史料から明らかなので、発掘調査で明らかになることを願っている。

いまに残る石垣の意味するもの

教会が破壊された後、およそ50年後に岬に長崎奉行所西役所ができる。西役所の建物平面図はあるので、これをもとに建物を復元することも可能なのだが、注目すべきは石垣である。石垣は奉行所時代のもので、その上には明治以降の県庁時代の石垣も積み重ねられている。

「石垣で囲まれた土地が長崎奉行所西屋敷」。これが重要な点である。考古学の発掘調査で遺跡を掘る場合、その範囲がどこまでなのかが問題となる。長崎奉行所西屋敷ではこれがはっきりしている。

「だから石垣が大切だ」ということをいおうとしているのではない。城を考えてみていただきたい。城は石垣で築かれ、その中に城の建物が建てられる。建物は年月が経つと痛みが生じ、建て替えられる。火事による消失もある。つい先ごろ、沖縄の首里城が火事で焼失した。実をいうと、建物は国指定史跡ではなく、観光施設。国指定となっているのは、その下の建物礎石であり、石垣である。私も首里城に行ったとき、感動したのは見事な石垣であった。

少し話がそれたようだが、吉良《きら》邸討ち入りで知られる赤穂浪士。その城は兵庫県にあって現在は国指定史跡となっている。今から数十年前になるが、地元は国指定化を強く望んだ。文化庁は原則にのっとり、城内に造られていた官民施設の撤去、移転を条件とした。赤穂市は官民施設の撤去、移転を進めたが、最後に残ったのが県立赤穂高校だった。県は移転を決定､高校は城外に移転した。これで国指定。赤穂城は赤穂市民のシンボルとなり、現在観光地として存在する。

長崎県庁跡の場合はどうか。奉行所跡はたび重なる歴代県庁舎の建設で大半が壊されている。しかし図面は残されており復元は可能である。教会と関連施設がどのように残っているかが関心事であるが、私たちはこの問題をあまりにも過小評価してはいないだろうか。

二つの世界遺産のルーツは「岬の教会」跡

長崎市には、二つの世界遺産がある。「明治日本の産業革命遺産」「長崎と天草地方の潜伏キリシタン関連遺産」。この二つのルーツをたどれば「岬の教会」「長崎奉行所」にその根源があることに気づく。「岬の教会」は日本キリスト教の根源の地。「長崎奉行所」はその敷地内に海軍伝習所や医学所が造られ、日本の近代化が推し進められた根源の地。二つの世界遺産のルーツはここにある。

世界遺産は単なる観光遺産ではない。その地が体験してきた世界に類のない文化遺産なのだ。世界遺産とは、世界の人々にその文化を伝えてこそ意味がある。

そのルーツに思いが至らないことこそ問題ではないか。赤穂市は国指定のために県立高校をはじめ官民施設を移転した。

長崎県はどうか。せっかく県庁舎が移転したというのに、ここで国指定を目指さないのは如何なものか。すぐ前面には「国指定史跡 出島オランダ商館跡」がある。出島は長崎奉行所が一体で管理していた。

少し話がもどるが、出島保存の切っかけは、オランダが日本に求めた戦後賠償にある。オランダは日本に多くの賠償を求めず、出島の復元を求めたのだ。そのため、出島の民間施設買収には、当初、外務省予算が使われた。

出島が長崎観光のシンボルになって久しいが、これも長崎が果たしてきた異文化交流ゆえであろう。長崎育ちの私にとって、南蛮人や南蛮文化、またオランダ、出島は肌身に染みついている。中国文化も、父の代まで大黒町で魚屋を営んでいた関係で、大正14年（1925）の長崎くんちの踊町で「唐人船」を奉納したとき、祖父が長采、父が太鼓、叔父が船頭をした関係で、今でもくんちと聞けば血が騒ぐ。長崎人の血は、案外と自分にも流れているものだなと感じてしまう。

さて西洋のキリスト教文化を伝えた中心地「長崎の岬」。近世・近代の長崎貿易を管理し、日本の近代化の旗振り役となった長崎奉行所。これを世界遺産に匹敵するものと認識できないのか、あるいは気が付かないだけか。

ここが長崎人の見せ所。くんちのエネルギーで長崎を守ろうではないか。■

■第二部■

長崎の医学史から

長崎大学名誉教授　増﨑英明

黒船は二回日本にきている

こんにちは。私は（二〇一九年）三月まで長崎大学病院の病院長をしていました。四月から図書館長をしております。

私がなぜ長崎のことを話すかというと、長崎が大好きだからで、それ以外にあまり理由はないのですが、「医者の目で見ると、長崎はこんな風に見える」という話をしてみたいと思います。

今日の講演のメニュー（講演項目）です（表1）。「黒船が来た」というとペリー来航を思

本日のメニュー

1. 前菜:	黒船来航（西洋との二度の接触）
2. スープ:	1543年最初の接触、岬の教会
3. 魚料理:	キリシタンと南蛮医学
4. グラニテ:	オランダと紅毛医学（鎖国時代）
5. 肉料理:	私塾時代（緒方洪庵、佐藤泰然）
6. デザート:	1853年二度目の接触、伝習所
7. 珈琲:	今に残る二つのもの

表１

い浮かべられると思いますが、実はポルトガルの船も「黒船」と呼ばれていて、だから、日本には黒船が二回来ているのです。ポルトガルとアメリカの両方が来ていた。

長崎の歴史を大きく三つの時代に分けると、最初にポルトガルが来て岬の教会ができたころ、ついで鎖国の時代、三つ目が二度目の黒船・ペリーが来て開国した時代になります。

私の通勤途中には墓場があって、十字架がたくさん立っています。みなさん、長崎の方がほとんどでしょうから、こういう景観は見慣れていると思いますが、よそから来た方は、「これはヨーロッパかな」と感じるのではないかと思います。

それで、「これはどこの国でしょう?」と訊《き》くと、みんな何と答えるか?
「わからん（和華蘭）」（笑）。

ガリバーからペリーまで

長崎は鎖国時代にもヨーロッパで知られていた、ということが、ガリバー旅行記を読むと分かります。ガリバー旅行記というと、「小人の国」、「巨人の国」、この辺までがよく本になりますが、その後「飛島《とびしま》」というところへ行きます。これは宮崎駿《みやざきはやお》が映画にしています。ラピュタですね。その後ガリバーは「馬の国」へ行きますが、この「馬の国」の前に長崎に行くのですね。長崎に行くと、「イギリスに帰れるから」というので行くのです。

主人公は長崎のことを、「あそこにはオランダ人しか入れないけれど、自分はオランダ語が話せるから何とか行けるだろう」とか、「あそこに行くと踏み絵をさせられるので、それだけは嫌だ」というように言っています。そして、何とか長崎に来るのですが、原文を読んでみると、「ナンガサク」と書いてあります。当時の日本地図にも、「NANGA…」と「N」が入っています。当時の人は「長崎」のことを「なんがさき」といっていたのだと思います。いまも何となく諫早の辺りでは言いそうな気もしますけどね（笑）。

県庁跡地は長崎のメッカ

先ほどもいった二度のコンタクト、最初をファースト・コンタクト、二度目をセカンド・コンタクトと呼ぶことにします。これはどちらも黒船なのです（図1）。船体が黒く塗ってある。日本に最初に来たのは鉄砲をもってきた人ですね。一五四三年、ポルトガル人が種子島に鉄砲をもってきました。その後一五四九年にザビエルが来ます。当時の長崎はどうなっていたかというと、ポルトガルが来て、一五七一年に長崎を開港して商売をはじめるようになり、岬の教会を建て、布教をするようになった。ここから現在の長崎がはじまったという感じです。

それからペリーが来たときがセカンド・コンタクトです。日本は「科学的に相当遅れている」ということに気がついて、オランダに船を頼んだり、長崎に海軍伝習所をつくって、船の操舵の仕方などを学ぶのですね。オランダに頼んだ

ポルトガルの黒船

図1　狩野内膳作『南蛮人渡来図（左隻）』

船は「ヤパン号」という船で、そういう名前で日本に来ます。その船に乗っていたのが、日本の医学教育の基をつくったポンペという人でした。同じ船は日本に来ると「ヤパン号」から「咸臨丸《かんりんまる》」と名前を変えて、勝海舟がサンフランシスコへ行くわけです。今の県庁跡地はそういう場所でした。だから、そこには海軍伝習所があって、勝海舟たちがいたのですが、ポンペもいたのです。

ポンペは海軍の軍医として来たので、海軍伝習所のなかに住んでいました。そして、江戸にいた松本良順は西洋医学を学びたいというので、ここに来ました。それが医学伝習所のはじまりです。長崎大学のはじめでもあります。これらは皆、県庁跡地からはじまっています。だから県庁跡地は、長崎のメッカといえると思います。

十六世紀にポルトガルが来たときと、十九世紀にアメリカが来たころの長崎の地図を比べて見ると、ポルトガルが来たときは、陸地が海に向かってとがっていて、その岬の先っぽに教会をつくったわけです。教会は特別な建物ですから、長崎の港に船で入ると、ものすごく目立ったと思います(図2)。その後は岬の周囲を埋め立てていって、このようになったわけです(図3)。江戸時代の地図を見ると、もともととがったところは、埋め立てたあともちゃんと形として残っているのが見て取れます。そのでっぱりの先っぽに出島をつ

16世紀の長崎

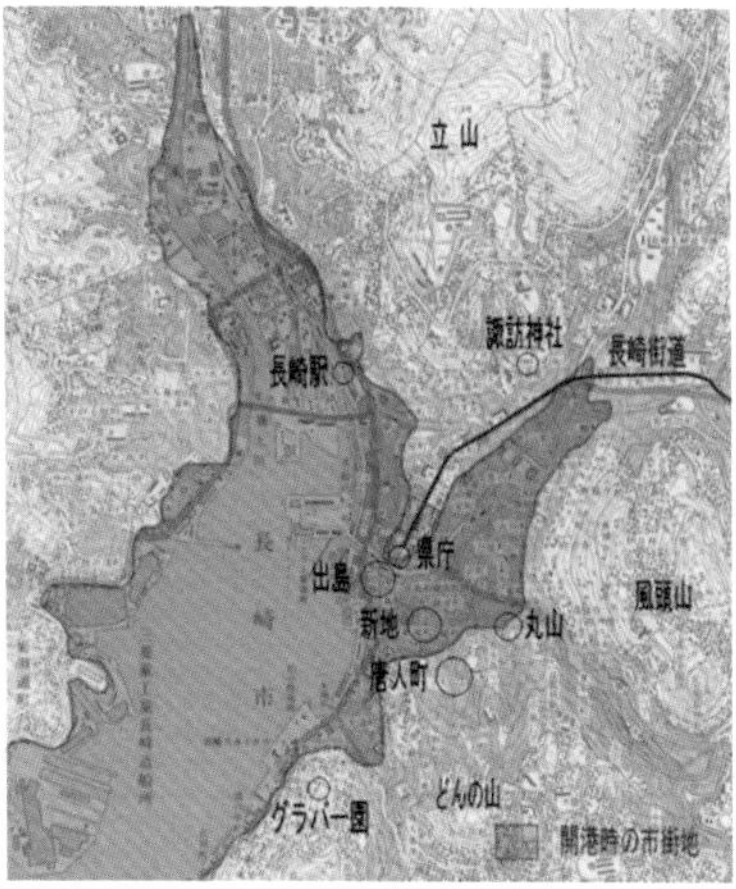

図２
二百数十年の鎖国で長崎の海は埋め立てられた

19世紀の長崎

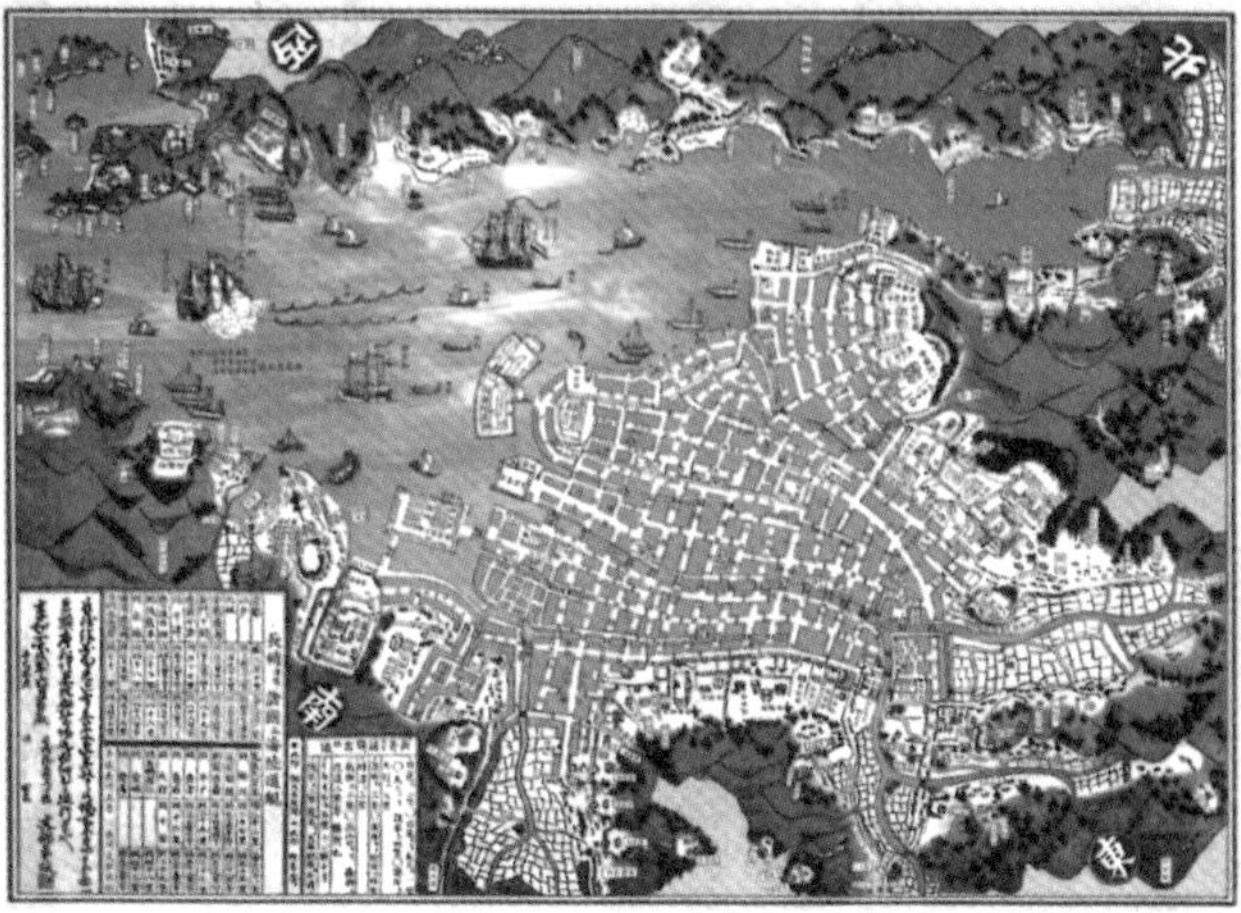

図３

西洋との二度の接触

	First contact	Second contact
年代	1543年〜	1853年〜
相手国	ポルトガル	アメリカ
介　在	キリスト教	科学技術
医　師	アルメイダ	ペリー
力関係	対　等	一方的

表2

くったわけです。ですから、出島とこのもともと教会があったところはセットなのです。奉行所をなぜここにつくったかというと、すぐ下の出島を見張っていられるから。おそらくそれでここに奉行所をつくったと思います。そして、長崎という町がここから広がる。そのような歴史です。

ここまでをまとめます（表2）。ファースト・コンタクト、こちらはポルトガルで、一五四三年鉄砲をもってきた。セカンドコンタクト、こちらはアメリカで、一八五三年ペリーが来た。ポルトガルはキリスト教をもってきたことがいちばん大きかったと思いますが、アメリカは科学技術をもってきた。ペリーは機関車などをもってきました。

最初の接触、一五七一年、岬の教会

医師としては、――これはあまりご存知ないかもしれません。大分の人は必ず知っているのですが、十六世紀はアルメイダという医者が来ました。十九世紀はポンペです。ポン

最初の接触、1571年、岬の教会

図４　南蛮渡来風俗図屏風（逸翁美術館）

ぺは、長崎の人は皆知っていると思います。東京の人はシーボルトしか知りませんが、長崎の人はぜひポンペを知っていてほしいです。

これも大きいと思いますが、ファースト・コンタクトのときは、日本人はポルトガルの人を少しもこわがっていませんでした。おそらく、科学的にも、武力的にも、お金のもち具合とかも、あまり差がなかった。向こうは船をもっていたから来られた、その部分はちがいますが、案外対等につきあっていたのではないかという気がします。でも、ペリーが来たときは一方的でした。江戸の幕府は平身低頭するばかりで、ほとんど何もできなかったという感じがします。

この絵（図４）はこれまでの方の話の中に

日葡辞書には
ナンガサキ（Nangasaqui）とある

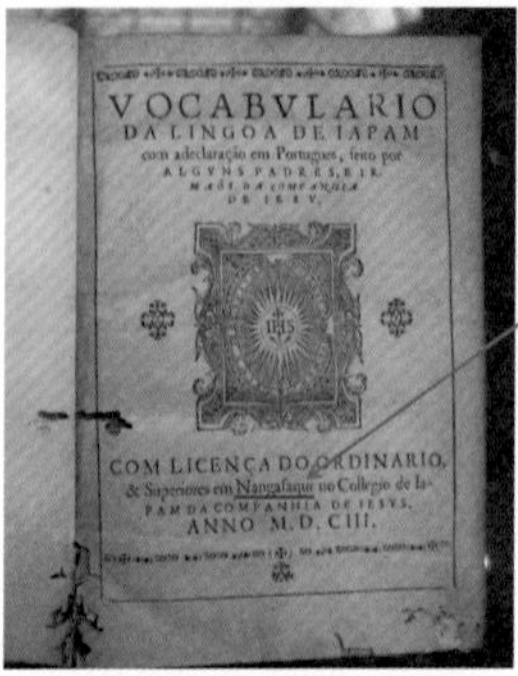
VOCABVLARIO
DA LINGOA DE IAPAM
COM LICENÇA DO ORDINARIO,
ANNO M.D.CIII.
Nangasaqui no Collegio
岬の教会にあったコレジオで
1603年に印刷されている。

図５　産経フォト 2018.10.20 より引用

すでに何度も出ています。この場所が長崎とポルトガルとの最初の接触点だと私は思っていたのですが、実はそうではなかったのです。この場所には、片岡先生の話にもありましたが、教会があって、コレジオ（カレッジ）、つまり大学がありました。ここには印刷所もあった。天正少年使節がもってきたグーテンベルクの印刷機がここに置かれて、ここでいろいろ印刷されました。そのひとつがこれです（図5）。これは日本語とポルトガル語の辞書です。かなり厚いです。世界で確か四冊見つかっています。去年（二〇一八年）の新聞に四冊目が見つかったと書いてありました。その一部を拡大すると、「ナンガサキのコレジオ」と書いてあります。やはり「ナンガサキ」なのです。諫早弁なのです（笑）。一六〇三年です。相当昔の本ですが、すごくきれいな本です。なかに長崎弁も書いてあります。

この絵（図6）もよく見ますが、狩野内膳《かのうないぜん》が安土桃山時代に描いた絵で、ほぼ同時代に

狩野内膳作『南蛮屏風』神戸市立博物館所蔵、安土桃山時代

図6

描かれています。先ほどの講演でもこの絵がでてきました。絵の中の人物をヴァリニャーノとおっしゃったので勉強になりましたが、イエズス会の司祭はこういう黒い服を着ています。ズボンの先っぽが閉じている人はポルトガルの商人です。日本人はえらく小さく描かれているなと思っていましたが、ヴァリニャーノがめちゃくちゃ大きかったのですね。

これは、日本風のお寺に見えますが、教会です。当時の様子がよく描かれていますが、日本人が全然こわがっていないというか、普通の感じです。おそらく当時の長崎は、まだ出島もないし、ポルトガル人を閉じ込めてもいない。彼らは普通に長崎の町を歩いて、ポルトガル人は日本語で「やあ!」と、日本人はポルトガル語で（何というかは知りませんが）「やあ!」といっていたのだと思います。何となくそういう様子が頭に浮かんできます。いい時代だったのだなと思います。

この「キリシタンの時代」と呼ばれている、およそ百年間、鉄砲が来て、ポルトガルが追放されるまで、正確には九十数年ですね（表3）。その間に、ポルトガルが一五七一年に長崎を開港した。でも長崎で最初に伝道がされたのはこれより前なのです。長崎で初めて布教した人物がアルメイダです。

最初の接触は100年間つづいた

1543年	鉄砲伝来
1549年	キリスト教伝来（鹿児島）
1550年	平戸にポルトガル来航
1571年	長崎がポルトガルにより開港
1580年	長崎をイエズス会に寄進
1588年	秀吉イエズス会から没収
1636年	出島完成

表3

キリシタンと南蛮医学

これ（写真1）をご覧になった方はいらっしゃいますか? 夫婦川町の春徳寺です。鳴滝の方面にあるのですが。アルメイダは本当におもしろい人で、ポルトガルで医者になっています。大航海時代ですから、船の船長にもなりました。そしてアジアに来ます。めちゃ

キリシタンと南蛮医学

写真１　春徳寺

くちゃ儲けてすごい大金持ちになります。どこかの時点でキリスト教徒になり、イエズス会に入ります。自分が稼いだ金はほとんどイエズス会に寄進してしまいます。あちこちに行って布教しますが、布教の効果が非常に大きい人でした。ルイス・フロイスの『日本史』を読むと、あちこちにアルメイダの名が出てきます。すごくたくさん日本の信徒をつくった人ではないかと感じます。

ザビエルが来たのは一五四九年、アルメイダはその三年後に平戸に来ています。そのころはまだイエズス会には入っていませんが、徐々に医者としての何かが目覚めたのか、その後、府内、現在の

写真２　ルイス・デ・アルメイダ銅像、大分府内町、2019 年 10 月 26 日

大分で、日本で最初の病院を建てたのはこのアルメイダです。そんなに大きな病院ではありませんが、大分につくりました。

春徳寺に話を戻しますが、土地をもらったのはアルメイダで、その後、この場所に長崎で最初の教会、トードス・オス・サントス教会が建っています。建てたのは違う人ですが。アルメイダというと大分と私は思っていましたが、結構長崎でも活躍した人なのです。この人が日本の西洋医としては最初に出てくる人です。

これ(写真２)は大分で撮ってきたのですが、府内町というところにこれがあります。治療している人がアルメイダです。写真もない時代なので、どんな顔だったか分かりませんが

日本医学の歴史

時期	世相	代表人物	内容	漢方	西洋の状況
一期	宣教時代	アルメイダ	癒し	共同	ルネサンス
二期	鎖国時代	シーボルト	薬物	対立	科学革命
三期	幕末・明治	ポンペ	外科	排除	エビデンス

表4　増﨑 2019

……。

当時の宣教師が、「日本人の悪徳が三つある」と書いています。ひとつは偶像崇拝。ひとつは男色。もうひとつは間引きです。だから子どもがたくさん殺されていた。それを何とか助けたいということで、アルメイダは捨てられた子どもを集めて、乳児院をつくって、牛を飼って牛の乳で育てていたということが書いてあります。とても立派な人だなと思います。

さてこれからは医学の歴史です。これ（表4）は私が考えたおおざっぱな医学の歴史です。大きく三つの時代に分かれます。最初は宣教時代でキリスト教が盛んだった時代、アルメイダが代表です。ついで鎖国時代、代表としてシーボルト。最後は幕末・明治で代表はポンペです。

アルメイダは外科医といいますが、外科医といっても、おできを治すぐらい。からだの表面の治療だけをやっていて、多くは、キリスト教徒としての癒しというものがあって、病人を治していたのではないかと思います。当時の病人はハンセン病の患者とか、あるいは孤児《みなしご》、そういう人たちを集めて救っていた。

おもしろいことに、漢方医は、当時の日本には普通にいたわけですが、漢方医をどう扱ったかというのは時代によって全然ちがいます。この時代、アルメイダは常に漢方医を連れてまわっています。漢方医は内科医として、すごく立派な仕事をしていたのだと思います。シーボルトの時代から幕末までは、当時は漢方医がほとんどですから、むしろ西洋医を追い出そうとします。ポンペが来たときは西洋医のほうがかなり強くなり、漢方医は次第に排除されていきます。医学の歴史もこのように見ると、なかなかたいへんだなと思います。

オランダと紅毛医学（鎖国時代）

鎖国時代になるとオランダだけが来るようになったので、オランダ医学が入ってきます。ただしオランダ医学は出島にしかないわけです。出島のオランダ商館医として、医者が常にひとりかふたりいました。江戸時代を通じてかなりの人数はきているみたいですが、なかでも有名なのが、ケンペル、チュンベリー、シーボルトの三人です。彼らは出島の三学者とよばれています。

なかでも圧倒的に有名なのはシーボルトです。シーボルトがどのような治療をしていたかは私にはよくわかりませんが、外科はたいして進んでいません。いまのようにおなかを開けてどうこうというのはほとんどなかったと思います。これ（図７）は何をやっているかというと「瀉血《しゃけつ》」です。血管を切って血を抜くのです。血が飛んで、「痛い」という顔をしていますが、このような治療、これが外科治療でした。シーボルトは医者というより、今から思

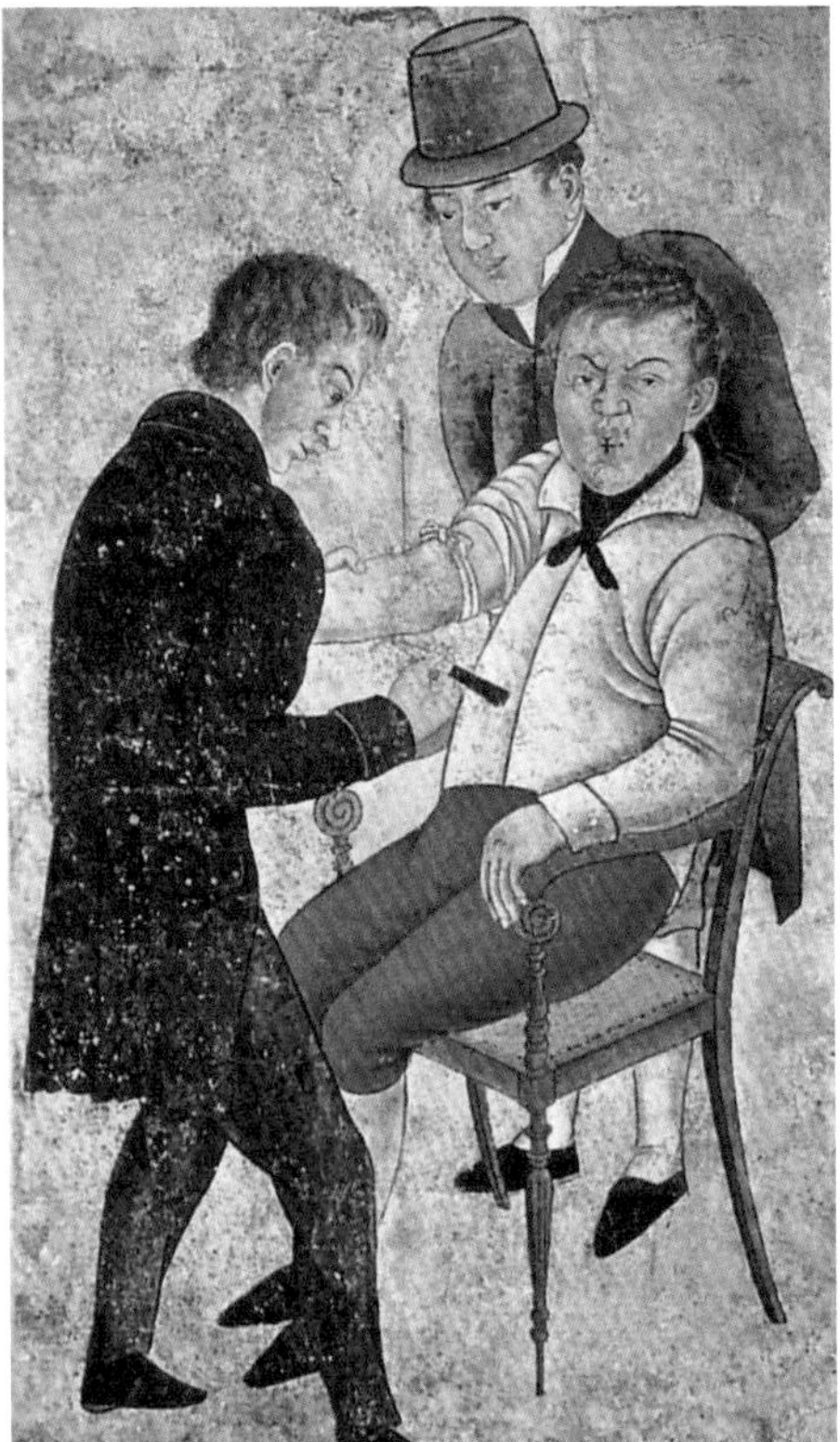

図７　博物学者シーボルトの「瀉血」図

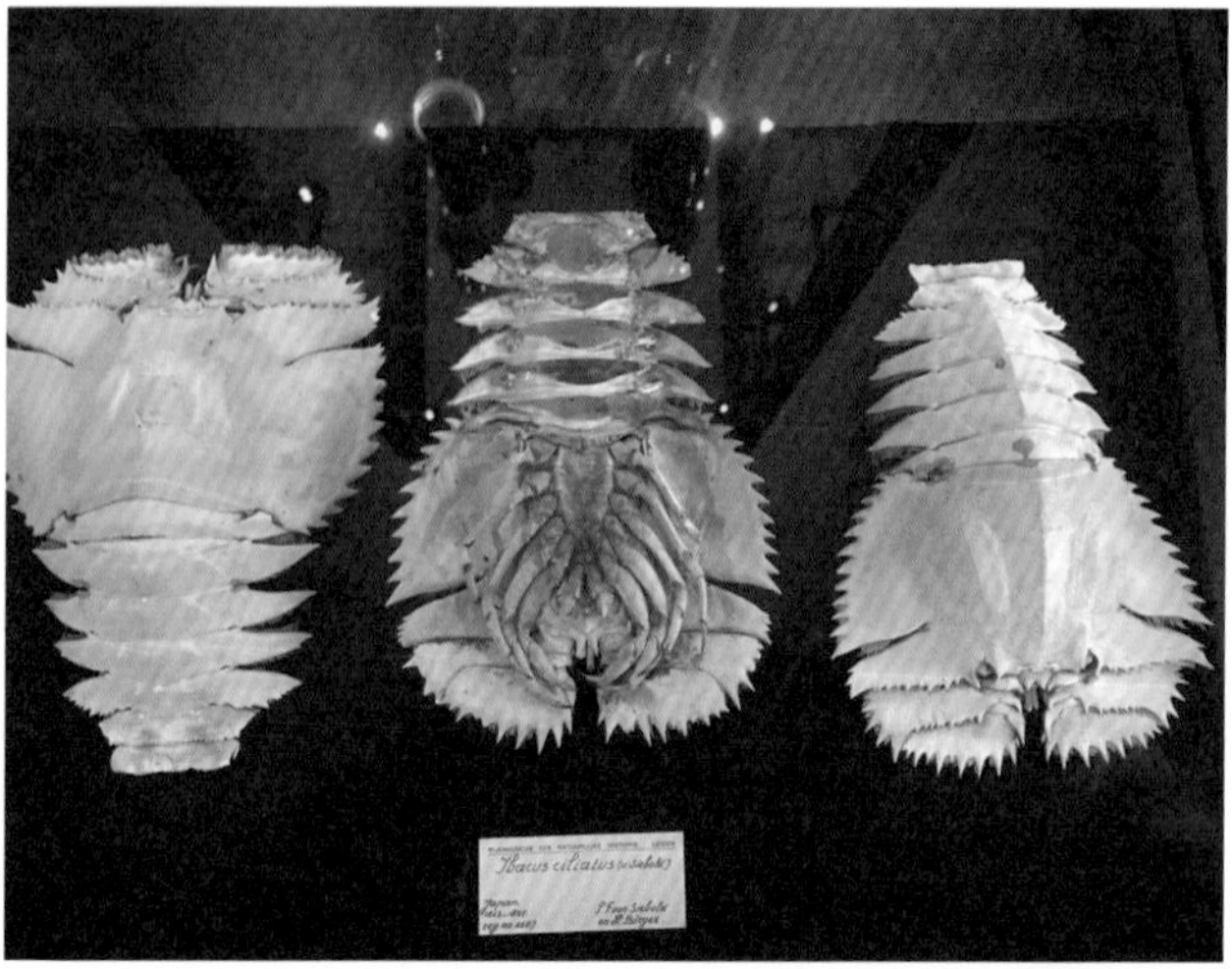
写真３　うちわえび、オランダのシーボルトハウス。2019年９月17日撮影

えば、むしろ博物学者だと思います。今年の九月にオランダに行きました。シーボルトの家が博物館になっていて、これ（写真３）がありました。皆さんがいつも食べている、ウチワエビです。このようなものが珍しかった。ほかにも動物や植物を大量に持ち帰りました。オランダに帰って彼が書いた本は、『日本植物誌』、『日本動物誌』、『日本』、この三冊があります。医者としての本ではありません。どちらかというと博物学者の本。本人もそう思っていたのではないかという気がしています。

私塾時代（緒方洪庵、佐藤泰然）

私から見て、当時の日本の医者として立派、

佐藤泰然：江戸の順天堂

緒方洪庵：大阪の適塾

写真４

すごいなと思うのは、むしろシーボルトがいないときに長崎に来た人たちです。シーボルトは日本の地図をもち出そうとして、一年間ほど拘束されて、その後永久追放されます。その後の十九年ぐらい商館医はいませんでした。西洋の医学はみな商館医から習っていたのですが、この後の時代、一八二三年から四二年ぐらいまでは商館医がいませんでした。

ところで、医学の私塾をやっていた人たちで、緒方洪庵と佐藤泰然（写真４）、この二人がもっとも有名です。大阪の適塾を開いていた緒方洪庵と、いまの順天堂大学の基をつくった佐藤泰然です。二人とも長崎で医学を学んでいます。それも同じ時期に来ています。

長崎にいた時期が重なっています。この時代はオランダ商館医は不在でした。では果たして二人は誰から医学を習ったのだろうと思うわけです。習う人はいなかったわけです。このことは私にとってしばらく謎でした。

ここでもうひとつ付け加えると、おもしろいのは、緒方洪庵の次男は緒方惟準《これよし》といって、この人は大阪大学の医学部をつくっていきます。佐藤泰然の次男は松本良順で、彼こそ長崎に来たポンペの一番弟子です。この人は江戸の種痘所、江戸で種痘をおこなっていた施設の三代目の所長になり、東京大学医学部の基をつくることになります。大阪大学と東京大学の医学部をそれぞれの次男がつくることになるわけです。

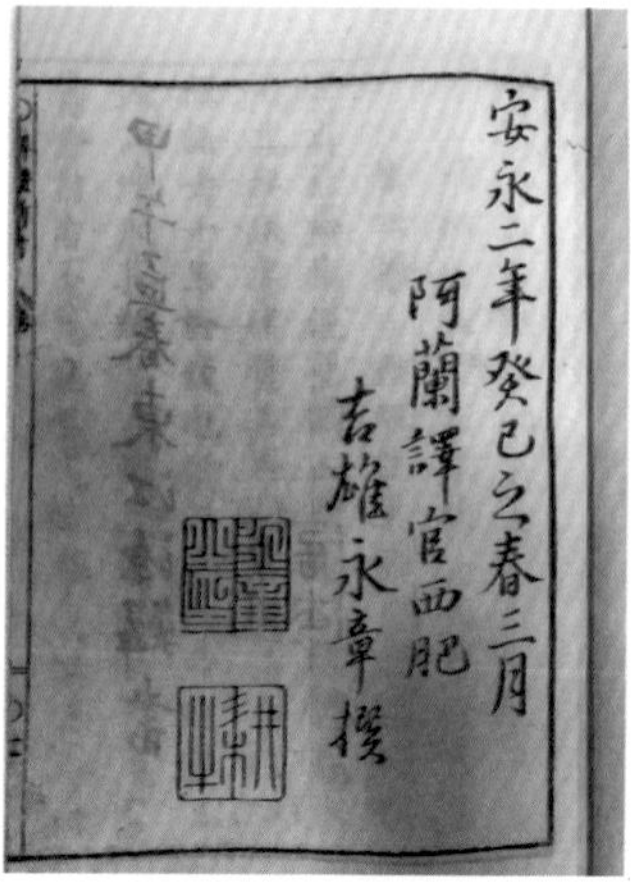

解体新書序文
（長崎大学附属図書館蔵）

写真５　解体新書の序文は吉雄耕牛（永章）が書いている。

話を戻すと、緒方洪庵と佐藤泰然は誰から医学を習ったのだろうという疑問です。商館医はいなかった時代です。私には通詞から習ったとしか考えられません。出島の三学者の一人である商館医のチュンベリーは「大多数の通詞は、医学の研究に熱心である。そして彼らだけが、オランダ人医師から習得したヨーロッパ人のやり方で、ヨーロッパの薬剤を用いて治療を行なえるのである。それによって、収入を増し、かつ評判を高め、また時には弟子に伝授する」と書いていています。

少し時代はさかのぼりますが、通詞で一番有名な医者は吉雄耕牛《よしおこうぎゅう》です。当時はたいへん著名な、とても優秀な医者だったと思います。なぜそう思うかというと、日本の解剖学書でもっとも有名なのは杉田玄白が書いた『解体新書』（写真5）ですね。これはほとんどの人がご存知です。しかし著者として名前は出てこないが、『解体新書』を主につくったのは前野良沢《まえのりょうたく》です。前野良沢は吉雄耕牛のところに二年間いて、オランダ医学を学んでいます。だからオランダ語がすこしですができたのです。杉田玄白はまったくできませんでした。ですから前野良沢がいなければオランダ語は訳せなかったのです。解体新書の序文は吉雄耕牛が書いています。のちに吉雄耕牛が江戸に行ったときに、杉田玄白は弟子入りしています。だから、このシーボルト不在のときの西洋医学は、長崎の通詞たちが担っていたのではないかと思います。

少し脱線しますが、「長崎学」という学問があって、「長崎ぶらぶら節」の主人公である古賀十二郎さんが有名です。この人に『西洋医術伝来史』という本があり、こう書いてあります。

〈元来、吾邦の洋医学史は、先ず第一に源泉地たる長崎の洋医方の叙述より始め、然る上にて、自余の地方のそれに及ぶ可きものと思ふのである。然るに、従前の洋医学史は、長崎の洋医学を軽視し、江戸を中心とする蘭医方の発達を過重している傾向がある〉

要するに、古賀十二郎さんは杉田玄白のことをいいたいのですね。杉田玄白は老年になって『蘭学事始』を書き残しますが、長崎のことはほとんど書いていません。蘭学の始まりは江戸で皆やったように書いてあります。そのことを怒って、古賀十二郎はこのように書いたのだと思います。長崎は、江戸と比べても、この時代はとてもおもしろい場所でした。江戸も長崎も、どちらもおもしろい場所ですが、長崎は江戸に引けを取らなかったと思います。だから、長崎は声をもっと出したほうがいいのではないかと思うわけです。

ところで長崎の通詞でオランダ医学を教授したのは吉雄耕牛だけではありません。たとえば楢林家は十二代にわたってオランダ通詞を勤めましたが、楢林鎮山が創始した楢林流外科は幕末まで続いています。緒方洪庵と佐藤泰然の長崎遊学のころ、長崎には楢林宗建がいました。彼は兄の栄建とともにシーボルトに師事し、文政十年（一八二七）には長崎居住の佐賀藩医になっています。嘉永二年（一八四九）にはモーニッケが持参した牛痘法による種痘に成功したので、日本における種痘の開祖と称されている。弘化元年（一八四四）からは、オランダ商館医不在のため、出島において商館員の医療を担当しているのです。結局、長崎遊学中の緒方洪庵と佐藤泰然が誰に西洋医学を学んだか、はっきりしたことは不明ですが、それを楢林宗建と考えることもできるわけです。

一八五三年二度目の接触、伝習所

そして、二度目の接触でペリーが黒船でやってきて、一八五七年に医学所が奉行所（西役所）のなかにできます。そこで日本で最初の医学講義がはじまります。これも県庁跡地です。

長崎大学の創立はこの年、一八五七年としています。東京大学医学部の創立は一年後の種痘所設立のときといっています。長崎のほうが一年早いのです。嬉しいことではないですか。四年後に養生所ができます。佐古小学校のところ、いま仁田佐古小学校ができつつあるところです。これもポンペと松本良順が一生懸命に動いてつくった。長崎大学病院の

ポンペと松本良順

ポンペ

松本良順

写真6

養生所 → 精得館

図8　1861（文久元年）

創立の年が一八六一年です。だから、日本で最初の西洋病院はアルメイダがつくりましたが、最初の西洋医学教育をしたのはポンペ。その一番弟子が松本良順です（写真6）。

ポンペはこう書いています。

〈一八五七年十一月十二日にいよいよこの医学校を開校した。最初、十二人の学生が着席していた。最初にぶつかったもっとも大きな困難はお互いの言葉がわからぬことであった〉

言葉のわからないところからはじめたわけですね。たいへんだったと思います。そして、一八六一年に養生所を建てて、その横に医学所も移して、物理・化学を教えるための施設もつくって、名前を精得館《せいとくかん》に変え、さらに長崎医学校と引きつぎます（図8）。

今に残る二つのもの

これ（写真7）はその長崎医学校で写したものです。生徒たちと写っていますが、頭蓋骨の右側にいるのがマンスフェルトという人です。ポンペの次にボードインが来て、さらにそのあとに来た教官です。骸骨の左下にいるのが長与専斎です。この骸骨が実は東京大学にあったのです。これ（写真8）なのです。松本良順の『蘭疇自伝《らんちゅうじでん》』を読むと、このことが書いてあります。これは、日本に行きたかったオランダ人が亡くなったが、「せめて骸骨としてでも日本に行きたい」といったので、ポンペがもってきたとされているものです。そしてポンペはオランダに帰るとき、松本良順に渡して、松本良順は江戸にもって帰ったという話らしいです。日本ではこういう髑髏《どくろ》とか骸骨とかは、墓を掘ったりすることが絶対できなかったので、たいへん貴重で、皆がいじりまわして真っ黒になったと書かれています。

写真７　長崎医学校の生徒たち

写真８　ポンペが講義で使った頭蓋骨
（東京大学で撮影）

昭和6年(1930)のキュンストレーキ　令和元年(2019)のキュンストレーキ

写真９

長崎大学医学部のもうひとつのお宝はキュンストレーキというものです。人体をつくってある模型です。紙粘土でつくってあります。ポンペはパリでつくられたものを長崎に取り寄せています。バラバラにすると身体の中身がわかるようになっていました。このキュンストレーキは、昭和六年の写真を見ると、片方の足は欠失していますが、他の部分は残っています。ところが、その後に身体の半分が失われました。これがいまの状態です（写真９）。図書館の医学分館に置いてあります。完全に半分なくなっています。昭和六年からいままでの間になぜこうなったのか、わかりますか？　原爆です。人もたくさん亡くなりましたが、キュンストレーキも半分になって

写真10　長崎県庁跡地

しまいました。これも宝なのです。

長崎の五島には、その昔、「玉之浦」という名前の美しい椿が自然の群落をつくっていました。すごくきれいでした。しかし、たくさんの人が折り取ってしまった。今では、挿し木で増やしたものだけが生き残って、元々あった五島からは絶滅しました。皆が大事にしなかったから絶滅してしまったのです。だから、宝物はちゃんと残さないといけない。私が言いたかったのは、ただそのことです。

これ（写真10）が最後のスライドです。これがまさしく長崎の宝物ではないかと。これは絶対残さないといけないのではないかと。

ご清聴ありがとうございました。

■

刊行にあたって

――ちょっと長めのあとがき

長崎県庁跡地遺構を考える会共同代表　片峰　茂

長崎市が県庁跡地での文化芸術ホール建設を断念

去る2020年1月31日、田上富久長崎市長は長崎県との間で合意していた旧長崎県庁跡地での文化芸術ホールの建設を断念することを表明しました。これで、長崎県庁移転が決定した直後の2009年から11年余にわたった県庁跡地の活用をめぐる議論は、実質的に振り出しに戻ることになりました。

この地は、1570年のポルトガル人による長崎開港以来、岬の教会、長崎奉行所、海軍伝習所・医学伝習所、歴代県庁舎と450年にわたる国際都市長崎の最も重要な記憶が重層して眠るかけがえのない場所です。このように都市の一等地に在って重大な歴史的意味を持つ土地の活用をめぐっては、遺構の保存を中心に活用を考えるか、あるいは新たな都市機能の開発・整備を重視するか、この二つの異なる考え方の間で綱引きが行われるのが常です。長崎県庁跡地の場合は、検討開始直後の２０１０年、脚本家であった故市川森一さんが「長崎県県庁舎跡地活用懇話会」に提出された提言書の中で、徹底した発掘調査と遺構保存・活用の必要性を強調されたものの、それ以降は、「歴代県庁舎建設過程で地下遺構はかく乱されている」との長崎県の判断もあり、新たな都市機能の開発・整備一辺倒の議論に終始しました。そして、紆余曲折を経て、長崎市が県庁跡地に文化芸術ホールを整備することを前提に、２０１９年6月、「広場」「交流・おもてなしの空間」「質の高い文化芸術ホール」の3機能を骨子とする長崎県の「県庁舎跡地整備方針」が策定されたのです。

一方で、この時期に県庁舎解体工事がほぼ終了し更地となった跡地の新しい風景が、人々の想像力を喚起する力を持ったのでしょうか、やっと市民や考古学者の間から跡地発掘調査や遺構保存の必要性を改めて訴える声が上がり始めました。そして、２０１９年5月、私たちは県庁跡地遺構の意味や価値を広く県民・市民と共有し、遺構の保存・活用を通して長崎の個性ある発展を展望することを目的に「長崎県庁跡地遺構を考える会」（以下「考える会」）を創設し、シンポジウム開催、出版活動や議会・マスコミへの働きかけなどの活動を開始しました。それが功を奏してか、遺跡への県民・市民の関心もより一層の高まり

料金受取人払郵便

長崎中央局
承　認

1371

差出有効期限
2024年1月
14日まで
(切手不要)

郵便はがき

850-8790

長崎市大黒町3－1
長崎交通産業ビル5階

株式会社 長崎文献社
愛読者係 行

本書をお買い上げいただき、誠にありがとうございました。
ご返信の中から抽選で50名の方に弊社制作の長崎に関するポストカード(5枚)を贈呈いたします(12月末抽選、発送をもって発表にかえさせていただきます)。

フリガナ **お名前**	**男・女** **歳**
ご住所　(〒　　　ー　　　)	
Eメール アドレス	
ご職業 ①学生　②会社員　③公務員　④自営業　⑤自由業 ⑥主婦　⑦その他(　　　　　　　　　)	

愛読者カード

ご記入日　　　年　　月　　日

本書の タイトル	

1. 本書をどのようにしてお知りになりましたか

①書店　②広告・書評（新聞・雑誌・テレビ）　③チラシ
④弊社ホームページ　⑤人にすすめられて　⑥出版目録
⑦その他（　　　　　　　　　　　　　　　　）

2. 本書をどこで購入されましたか

①書店店頭　②ネット書店（アマゾン等）　③弊社ホームページ
④贈呈　⑤その他（　　　　　　　　　　　　　　　　）

3. 本書ご購入の動機（複数可）

①内容がおもしろそうだった　②タイトル、帯のコメントにひかれた
③デザイン、装丁がよかった　④買いやすい価格だった
⑤その他（　　　　　　　　　　　　　　　　）

本書、弊社出版物に関しお気づきのご意見ご感想ご要望等

（ご感想につきましては匿名で広告などに使わせていただく場合がございます。）

ご協力ありがとうございました。良い本づくりの参考にさせていただきます。

を見せ、そして開発・整備前提ではあるものの教育委員会による予断を排した発掘調査が2019年10月から開始されました。

調査では、東側の敷地内側での石垣等重要遺構の存在や江戸町公園側に近世以前の遺跡が存在する可能性を示唆する成果が出ており、長崎県が評価を依頼した外部専門家も遺構の保存の必要性を強調するとともに今後の調査への期待を述べられました。これらの動きが、今回の長崎市長の文化芸術ホール建設断念表明につながり、県庁跡地の活用をめぐる議論は大きな転換点をむかえることになったのです。

保存活用の議論を原点回帰させる絶好のチャンス

この一連のプロセスを検証することで、いくつかの教訓をくみ取ることができます。まず、重要遺構の保存・活用の議論が説得力を持つまでには時間を要することです。県庁移転決定から庁舎解体、本格的発掘調査の実現まで約10年、さらに今後の調査で遺構の概要が判明するまでには、さらに相当の期間を要することになります。一方、新たな都市機能の開発・整備を求める立場からは、そんなに悠長に構えるわけにはいきません。住民のニーズに応えるために遅滞なく仕事を遂行することが求められる行政が、ともすれば開発・整備の方向に流されがちになることも一定理解できなくもありません。しかし、かけがえのない土地の歴史を伝承するにとどまらず将来世代に測り知れない付加価値をもたらす可能性のある長崎県庁跡地の活用に関する議論は、もっと慎重であってよかったと思います。保存・活用と開発・整備の二つの立場が、同じ土俵で意見を戦わせるに足る材料が揃うには時間を要するからです。いま、やっと跡地活用の議論を原点に回帰させる絶好のチャンスが巡ってきたのだと思います。

そして、見逃せないのが世論の力です。この数カ月間の跡地遺構の重要性に関する県民・市民の関心の高まりがなかったら、このような展開にはなっていなかったかもしれません。翻れば、なぜ過去10年間の議論のプロセスで、世論が喚起されることがなかったのでしょうか？ すでに記したように、県庁舎の解体により現出した新たな光景をもってして初めて、人々に450年前の「長崎の岬」への想像力を呼びおこしたことが要因のひとつであるのは間違いありません。しかし、私は県民・市民の間に当地に重層して眠る長崎450年の歴史に関する情報が決定的に不足していたことが最大の要因であったと考えています。「考える会」の活動を開始して驚いたのが、多くの市民が長崎奉行所、出島以降の歴史に関しては一定の知識を有しているものの、それ以前、開港直後の岬の教会を中心とした草創期の長崎の街に関する知識に乏しいことでした。中には、岬の教会の存在すらご存知ではない方も相当数おられたのです。これでは、世論も盛り上がりようがありません。長崎には、土地が有する他にはない固有の記憶を広く世代をこえて共有するための社会的機能が不足していたことに気づきました。教育、行政、報道などの責任もさることながら、私たち大学を中心とした地域のアカデミアの怠慢に因るところがきわめて大であったと、自戒をこめて敢えて申し上げたいと思います。歴史学や考古学等の研究成果を専門家の間では共有しても、広く地域社会に発信し情報共有するとともに、その意味についての問題提起を行うなど、地域社会との接点を持つことに大学人は消極的であり続けたのです。

「考える会」が開催した二度のシンポジウムには多くの市民がつめかけ熱気あふれるものとなりましたし、第1回シンポジウムの記録集も好調な売れ行きです。地域社会のアカデミアに対する期待がとても大きいことを実感しました。いわゆる「長崎学」を未来志向で再構築するとともに、アカデミアと地域社会との持続可能な接点を構築することが、これからの「考える会」の重要な使命になると考えています。さらに、跡地遺構の保存・活用に向けて地域のシンクタンクとしてのより積極的な役割も摸索すべきなのかもしれません。今後、会内部での議論を深めたいと思います。

第2回シンポジウムで示された新たな問題提起

さて、本書は2019年11月17日に長崎大学中部講堂で開催された「考える会」主催の第2回シンポジウム「長崎の記憶をほりおこす」の内容を記録集として編纂したものです。シンポジウムでは、先ず第1部で長崎の岬を世界史と日本史の中に位置づける試みを行いました。日本イエズス会管区長デ・ルカ・レンゾ神父には、世界に遺る資料を駆使して、16世紀後半から17世紀初頭に岬の教会から発信された長崎情報が世界のキリシタン史に与えたインパクトを読み解いていただき、続いて片岡瑠美子長崎純心大学長が教会に付設されたコレジオで実施されていた神学を中心にした当時最先端のリベラル・アーツ教育を紹介されました。マカオのコレジオへの留学生派遣を通して国際人材を育成していた様は驚きで、現代のグローバル人材育成の先駆けとして大変興味深く拝聴しました。藤田覚東京大学名誉教授は、禁教以降の長崎奉行所時代を、江戸幕府の視点から考察されました。田沼意次から松平定信へと幕府権力構造の変遷に翻弄されながらも、禁教政策を含めた長崎の行政とともに日本の外交、貿易、情報、学術政策の最先端を担った長崎奉行の苦労が臨場感をもって描かれました。

第2部では、あらためて県庁跡地遺構発掘調査の意義に焦点を当てました。宮﨑貴夫前長崎県考古学会副会長は、万才町遺跡と勝山町遺跡の発掘調査をとおして考古学の手法やその意味について解説され、さらに考古学の成果をもとにした「長崎の街の変遷モデル」の中で県庁跡地遺構発掘調査の重要性を位置づけ、とりわけ岬の教会関連遺構の発見への期待を述べられました。当日、急な事情で登壇が叶わなかった稲富裕和長崎県考古学会長にも、本書のために特別に執筆いただきました。考古学の立場から長崎の岬の比類なき意味を明快に記されています。シンポジウムの最後に、増崎英明長崎大学名誉教授は、医師、医学の視点からの論考を述べられましたが、教会を中心にポルトガル人と日本人が対等に付き合い協働して街づくりを行った長崎における最初の西洋との出会いは、その後の圧倒的に進んだ科学・軍事技術を学ぶだけの対象としての西洋との付き合いとは質的に全く異なるとする切り口は、とても斬新で示唆に富む講演となりました。

当日、会場は３００名を超える聴衆で埋まり、熱気あふれる中でシンポジウムが進行しました。発掘調査の開始直後に開催されたシンポジウムですが、その後にもたらされた状況の急展開に鑑みれば、記念碑的意味を持ったシンポジウムであったといえるのかもしれません。それが記録集として世に出ることは「考える会」の大きな喜びです。会場での知的興奮を読者の皆さまに少しでも共有していただければ幸いです。本書が、今後も長崎県庁跡地遺構問題を介してアカデミアと社会の接点の役割を少しでも果たしてくれることを期待します。

末尾に、改めて10年前の故市川森一さんによる提言の一部を抜粋で引用して、稿を終えたいと思います。

〝「過去は未来である」。ワシントンの国立公文書館の門前に刻み込まれている劇作家シェークスピアの言葉ですが、確かに「長か岬」の場合も過去の足跡が語りかけてくる示唆を蔑ろにした未来などありえないでしょう。発掘調査の結果、不明なことが多かった「長か岬」の幾重もの歴史の地層が浮き彫りとなり、長崎は、埋もれていた世界的な資産をようやく手中にとりもどすことができるのであります。願わくは、そのことが、長崎の観光文化の発展に寄与する輝かしい未来図になることを望むものであります。〟

（2020年2月21日）

謝辞

本書の出版費用は、２０１９年11月から12月まで実施したクラウドファンディング・プロジェクト「旧長崎県庁舎跡地のかけがえのない歴史的意味を共有していきたい」に賛同いただいた皆さまからの寄付金により贖われました。梅野保子（佐賀県唐津市）、片峰正皓（神奈川県相模原市）、西貴史（長崎県上五島町）、渡辺義郎（鹿児島市）各氏を始めご厚志を賜った61名の方々に心より感謝いたします。

各執筆者の略歴　①氏名(ふりがな)　②生年、出身地　③学歴　④職歴(役職歴も)　⑤主な著書・著作(発行年も)＝登壇順

① **片峰茂**（かたみね　しげる）
② 一九五〇年　長崎市生まれ
③ 長崎大学医学部卒業、東北大学大学院修了（医学博士）
④ 一九八三年　長崎大学医学部助手
講師、助教授を経て　一九九八年　教授
二〇〇八年　長崎大学学長　二〇一七年　退任、長崎大学名誉教授
二〇二〇年　地方独立行政法人　長崎市民病院機構・理事長
⑤「プリオン仮説（タンパク質単独犯説）は本当か」科学七十六巻十一号、岩波書店、二〇〇六年
「地方総合大学における法人化のインパクト」科学七十七巻五号、岩波書店、二〇〇七年
「変容する社会と国立大学法人、IDE現代の高等教育」五六一巻、IDE大学協会、二〇一四年
「長崎における高度安全実験施設（BSL-4施設）の設置、稼働に向けて」臨床とウイルス四十五巻四号、臨床ウイルス学会、二〇一七年

① **木村直樹**（きむら　なおき）
② 一九七一年　東京都生まれ
③ 二〇〇〇年　東京大学大学院人文社会系研究科博士（文学、東京大学、二〇一〇年）
④ 二〇〇〇年　東京大学助手
二〇一三年　長崎大学准教授
二〇一五年　長崎大学教授現在にいたる

⑤『幕藩制国家と東アジア世界』(吉川弘文館、二〇〇九年)
『「通訳」たちの幕末維新』(吉川弘文館、二〇一二年)
『長崎奉行の歴史　苦悩する官僚エリート』(角川書店、二〇一六年)
『大学的長崎ガイド　こだわりの歩き方』木村直樹責任編集長崎大学多文化社会学部編(昭和堂、二〇一八年)
『十七世紀日本の秩序形成』木村直樹・牧原成征編(吉川弘文館、二〇一八年)

① **De Luca, Renzo　デ・ルカ レンゾ**(First Name: Renzo Surname: De Luca)
② 一九六三年　アルゼンチン生まれ
③ 一九九一年三月　上智大学文学部哲学科卒業
一九九五年三月　上智大学神学部神学科卒業
一九九七年三月　上智大学大学院神学研究科修士課程〈神学専攻〉修了
二〇〇一年三月　九州大学大学院文学研究科修士課程〈史学専攻〉修了
④ 一九九七年四月　日本二十六聖人記念館 副館長
二〇〇四年十月　日本二十六聖人記念館 館長(二〇一七年二月二十八日迄)
二〇一七年三月　イエズス会日本管区 管区長(現在に至る)
⑤「日本的な教会を目指したヴァリニャーノ」(『カトリック研究』六十八号、一九九九年)
「宗教対話としての『山口討論』—史料様式による再検討の試み—」(『キリシタン文化研究会会報』一一九号、二〇〇二年)
「『大道寺裁許状』とイエズス会史料の比較研究」(『九州史学』第一三五号、二〇〇三年二月)
「博多とキリシタン」(『中世都市・博多を掘る』、大庭康時(他)編、海鳥社、二〇〇八年三月)
「マテオ・リッチとアレッサンドロ・ヴァリニャーノ」(『キリシタン文化研究会会報』一三八号、二〇一一年十一月)

① **片岡瑠美子**（かたおか　るみこ）
② 一九四二年生　長崎市出身
③ 上智大学文学研究科史学専攻修士課程修了（文学修士）
教皇庁立グレゴリアナ大学教会史学部博士課程修了（教会史学博士）
④ 一九八六年四月　純心女子短期大学専任講師
一九九四年四月　長崎純心大学人文学部教授 学生部長
一九九八年四月　長崎純心大学人間文化研究科教授（兼任）
二〇〇五年四月　長崎純心大学学事部長
二〇一四年四月　長崎純心大学長（現在に至る）学校法人純心女子学園理事
⑤ 『長崎のキリシタン学校』長崎県教育委員会 一九八六年 共著
『有馬のセミナリヨ 関係資料』長崎県北有馬町 二〇〇五年 共著
「日本のセミナリヨ・コレジヨにおける国際人教育」（『長崎・東西文化交渉史の舞台』勉誠出版 二〇一三年、pp.23-40）
“A vida e a acção pastoral de Luis Cerqueira” 一九九七、Instituto Cultral de Macau 単著　ほか

① **藤田覚**（ふじた　さとる）
② 一九四六年　長野県生まれ
③ 東北大学大学院文学研究科博士課程単位取得退学
④ 東京大学大学院人文社会系研究科教授を経て、現在東京大学名誉教授
⑤ 『近世後期政治史と対外関係』（東京大学出版会、二〇〇五年）
『泰平のしくみ』（岩波書店、二〇一二年）

『田沼時代（日本近世の歴史4）』（吉川弘文館、二〇一二年）
『幕末の天皇』（講談社学術文庫、二〇一三年）
『幕末から維新へ（シリーズ近世史5）』（岩波書店、二〇一五年）
『江戸時代の天皇』（講談社学術文庫、二〇一八年）

① **野上建紀**（のがみ　たけのり）
② 一九六四年　福岡県北九州市生まれ
③ 一九八一年　福岡県立東筑高校中退
一九八九年　金沢大学文学部卒
二〇〇二年　金沢大学大学院社会環境科学研究科（博士課程）修了
④ 一九八九年　有田町歴史民俗資料館文化財調査員
二〇一四年　長崎大学多文化社会学部准教授
二〇一七年　同学部教授（現在に至る）
⑤「ガレオン貿易と肥前磁器」『東洋陶磁』第42号（二〇一三年）
『伊万里焼の生産流通史』中央公論美術出版（二〇一七年）

① **宮崎貴夫**（みやざき　たかお）
② 一九四九年　福岡県大牟田市生まれ
③ 明治大学史学地理学科考古学専攻卒業
④ 一九七六年　長崎県教育庁文化課文化財保護主事、一九九五年原の辻遺跡調査事務所、その後、学芸文化課埋蔵文化財班課

長補佐、原の辻遺跡調査事務所課長、長崎県埋蔵文化財センター調査課長を経て、二〇〇九年退職
長崎県考古学会副会長（二〇一八年まで）、九州考古学会埋蔵文化財保護対策委員
⑤『原の辻遺跡』日本の遺跡三一、同成社、二〇〇八
『長崎地域の考古学研究』（自費出版）、二〇一九

① **稲富裕和**（いなとみ　ひろかず）
② 一九五三年　長崎市生まれ
③ 法政大学文学部史学科卒業
④ 福岡県教育委員会で遺跡の調査を経て、長崎市、長崎県教育委員会の嘱託職員として、県内各地の遺跡発掘に従事。その後、
大村市で専門職員として遺跡の調査や文化財保護に携わる
長崎県考古学会会長　新長崎学研究会代表
⑤ シンポジウム「謎のキリシタン大名大村純忠」、「異文化の情報路・長崎街道」、「いばら路を知りてささげし―石井筆子の生涯」
などプロデュース
『近代を開いた女性―いばら路を知りてささげし　石井筆子の生涯』（大村市・石井筆子顕彰実行委員会、二〇〇二年）
「大村藩と近代の 階《きざはし》」（『大村史談』第六十六号、二〇一六年）

① **増崎英明**（ますざき　ひであき）
② 一九五二年　佐賀県伊万里市
③ 一九七七年　長崎大学医学部卒
④ 二〇〇六年　長崎大学医学部産婦人科教授

二〇一四年　長崎大学理事、長崎大学病院病院長
二〇一八年　長崎大学名誉教授
二〇一九年　長崎大学附属図書館長、学長特別補佐
現在に至る

⑤
『胎児のはなし』（ミシマ社、二〇一九）
『病院長戯言日誌』（木星舎、二〇一八）
「裁判例から学ぶインフォームド・コンセント」（民事法研究所、二〇一五）
『密室Ⅰ～Ⅱ』（木星舎、二〇一二～二〇一六）
『動画で学べる産科超音波1～3』（メディカ出版、二〇一四～二〇一六）
『臨床産科超音波診断』（メディカ出版、二〇〇九）
ほか多数

第2回「長崎県庁跡地遺構を考える会」シンポジウム報告書

長崎の岬 II —長崎の記憶をほりおこす

発行日	2020年3月30日　初版発行
監　修	片峰　茂
発行者	長崎県庁跡地遺構を考える会 共同代表；片峰茂　高見三明　久留島浩　稲富裕和
編集・販売	㈱長崎文献社　社長：片山仁志　編集長：堀憲昭 連絡先：850-0057　長崎市大黒町3-1　長崎交通産業ビル5F TEL：095-823-5247　Fax：095-823-5252 Hp：http://www.e-bunken.com
印　刷	株式会社 インテックス

ISBN978-4-88851-337-1　C0020